偉人の年収

堀江宏樹

イースト新書Q
Q077

はじめに

あの人はいくら稼いでいたのでしょうか？

偉人の人生は数々の美談で粉飾《ふんしょく》されていますが、金の稼ぎ方、そして使い方ほどその人の生きざまを教えてくれるものはありません。

たとえば、**西郷隆盛**。明治新政府の役人たちの贅沢な生活ぶりを公然と批判した〝清貧の士〟というイメージがありますが、実は西郷本人が新政府内でも最高クラスの高給取りで、豪勢な生活を楽しんでいたことがわかっています。身なりも立派だったため、上野公園に建てられた西郷隆盛像のラフな格好には、遺族が不満を漏らした話もあるそうです。

古代ローマの政治家**ユリウス・カエサル**は、「借金王」と呼ばれるほど莫大な借金を抱えていました。しかし、その大金で庶民が楽しめる剣闘競技の大会を主宰するなどして世間の支持を集めます。債権者である有力者たちも、「返済の前に潰れられては困る」とカエサルをバックアップ。その中でチャンスを得て成り上がり、巨万の富を築きました。

なかには、ほとんど本職での稼ぎがなかった偉人もいます。「進化論」を唱えた**チャール**

ズ・ダーウィンは、実質的には生涯の大半を無職の引きこもりとして過ごしました。ウェッジウッド創業者の外孫にもあたる彼は、実家からの巨額の仕送りで研究生活を送っていたのです。

今回のテーマはズバリ「**偉人の年収**」です。
洋の東西を問わず、金銭事情が公開されるケースは一部の公人を除いて多くありません。しかし本書では、さまざまな文献に出てくる断片的な数字をもとに推定年収を算出。さらに、過去の貨幣価値を現代日本円に置き換えるという、良識ある歴史家の間では忌避《きひ》される禁じ手ばかりで構成された本になりました。

なお、本文内で用いたレートは諸説ある中、筆者の独断と偏見で選んでいます。厳密な数字ではないという点をご了承の上、おおらかな気持ちでお楽しみいただければ幸いです。

堀江宏樹

偉人の年収●目次

はじめに　2

本編を読む前に……貨幣価値の換算について　10

第1章　世界の偉人の年収

仕送り年額4500万！　親の金で偉業を成した**ダーウィン**　14

安月給をフンコロガシのエサ代に費やした**ファーブル**　19

妻にどつかれて年収5億!?　大統領**リンカーン**　25

貧乏家庭のトラウマから……**ニュートン**のその後　29

推定年収数千万、**シェイクスピア**の知られざる副業　33

ギャンブラーの才能もあった**モーツァルト** 39
「子沢山で食べていけない」と嘆いた**バッハ** 43
バクチが止まらない**ドストエフスキー** 48
『資本論』に見る**マルクス**のトンデモ金銭感覚 51
コラム 「上流階級」と呼ばれるのに必要な年収 59

第2章 日本の偉人の年収

信長・秀吉・家康、3大英雄の直轄領収入勝負 64
希望年収3分の1……**宮本武蔵**の就活失敗伝説 72
高給取り集団・**新選組**。近藤勇、土方歳三の年収は？ 77
年俸1億2000万!? 裕福だった**西郷隆盛** 83
〝愛人手当〟で食いつないでいた**樋口一葉** 91
大富豪・**渋沢栄一**の年収変遷 96

新札メンバー・**北里柴三郎**&**津田梅子**の金銭事情 100
「働きたくないから病気させてくれ!」ダメ人間のプロ・**石川啄木** 107
日本でもっとも稼いでいた男・**藤原道長** 111
朝日新聞の社長より高給待遇だった**夏目漱石** 116
『貧窮問答歌』**山上憶良**は貧窮していたか 122
コラム 『吾輩は猫である』、定価は5万5000円!? 127

第3章 偉人のイカれた金遣い

留学費を芸者遊びに使った**野口英世** 130
〝推し活〟で3億を溶かした**エカテリーナ2世** 133
ドリンク1杯1・5億!? **クレオパトラ**の才知 136
日本初の公営カジノを楽しんだ**天武天皇** 141
コラム ジャン・ヴァルジャン、63円のパン窃盗で19年の服役 144

第4章 偉人のマネーテクニック

780億の「借金王」・**カエサル**の出世術 150
8億の税金をもみ消した**アドルフ・ヒトラー** 153
織田信長の大胆すぎる領地経営 156
職人の給料を25%ピンはねした**明智光秀** 159
『学問のすゝめ』で22億売り上げた**福沢諭吉** 162
斬新すぎる絵画で8000億の富を築いた**ピカソ** 166
貴族に貢がれ不労所得の旨味を知った**ベートーヴェン** 172
コラム ロスチャイルド家が嘘をついて得た金額 179

第5章 偉人の金銭トラブル

人件費をケチりすぎて謀反された**前田利家** 184
秀吉のATMだった**伊達政宗** 187
処刑人のギャラを踏み倒して処刑された**ルイ16世** 190
大志を抱いて失敗した**クラーク博士** 194
コラム ピカソ家の相続トラブル 198

第6章 偉人にまつわるアレコレの値段

ショパンのピアノレッスン、その料金は？ 204
松下村塾の授業料が無料だった理由 208
葬式でも経済を動かした**岩崎弥太郎** 212
不人気画家**ゴッホ**の、唯一売れた絵の値段 215

「**一時金**」で一番儲けた旧皇族　219
吉原で遊ぶのに必要な金額は？　223
戦国時代、**庶民の命**は40万　227
コラム　江戸っ子も投資で稼いだ　231

参考文献　236

本編を読む前に……貨幣価値の換算について

歴史上では現代と比べ、ヒトの労働の対価が低く、モノの値段が高いことが少なくありません。

オーストリアの首都ウィーンを代表する「ブルク劇場」には、見事な大理石の柱が立ち並んでいます。ところがガイドさんいわく、それらはほとんどすべて、樹脂を主材料にして作られた人造大理石。触ってみると、本物の大理石のようには冷たくなくて、ほんのりと温かいのです。

かつては職人の労働力のほうが、自然の大理石を買うよりもはるかに安くついたので、ハプスブルク家のフランツ・ヨーゼフ1世は、〝国家の顔〟となる劇場を華麗なる人造大理石の柱で飾らせました。見た目の豪華さと節約を両立させたのです。

しかし、現代のオーストリアの価値基準は当時と真逆。このクオリティの人造大理石を作らせるなら、1本あたり数億円規模になってしまうので、自然大理石で求めたほうがはるかに安い……などの話には驚かされました。

過去の価値基準を現代のそれに置き換えるのは、非常に困難な試みです。

たとえば、20世紀初頭のフランスに目を向けてみましょう。当時の1フランは、現代日本円に換算すると1500円程度。また、歴史の〝常識〟として「労働者階級のランチ1食ぶん」に該当する額とされる場合があります。しかし、現代日本のサラリーマンたちの昼食代は平均600円ほど。毎日1500円のランチを嗜《たしな》む100年前のフランス人労働者が、まるで〝上質な暮らし〟に憧れる金遣いの荒いOLのように思えてしまうかもしれません。

この原因は、賃金と物価の水準が、現代日本と過去のフランスとではまるで違っているからなのです。給与水準が低く、物価が高い時代に労働者として暮らす場合、収入における食費の占める割合が高くなりがちでした。まさにこれが貧者の証で、〝エンゲル係数が高い〟状態なのです。

次に、江戸時代の日本の話をしてみます。「米価から計算した金1両の価値は、江戸初期で10万円前後、中～後期で4～6万円、幕末で4千円～1万円ほど」というのが、日本銀行金融研究所（貨幣博物館）の見解であり、日本史の〝常識〟のひとつでもあります。しかしこのレートは、本当に何にでも当てはめうる万能の公式ではありません。

幕末日本を騒がせた新選組の給与は、当時の水準では高く、平隊士にも高給を弾むとして有名でした。けれども平隊士の月給は3両ほどで、羽振りがよかった時期でも10両。1両＝1万円で計算してしまうと、「月給3万円で高収入!?」となってしまいます。本書ではこういう場合、苦肉の策として**「労賃レート」**という特例を設けました。新選組の場合は、給与を1両＝10万円のレートで換算し、当時の感覚と近い数字にしています。

少しの例でも、本書の執筆が一筋縄ではいかなかったことがおわかりいただけると思います。過去の価値を現代日本の価値に置き換える時に用いたレートは、「幕末の1両＝1万円」のような歴史の〝常識〟を用いたこともあれば、各文献の記述を参照しつつ、筆者の感覚で補正した数字を使った場合もあります。

この本で使われた数字は、筆者なりの考察の末に用いたものばかりですが、唯一の正解というわけではありません。実験的に算出した結果のひとつにすぎないことをご了承ください。

第1章
世界の偉人の年収

仕送り年額4500万！
親の金で偉業を成したダーウィン

この世にはお金から愛されている人と、そうでない人がいる……19世紀のイギリスで画期的な生物進化学を提唱した**チャールズ・ダーウィン**の人生を見ていると、そんな現実を突きつけられてしまいます。

ダーウィンは著名な科学者の一族に生まれました。父・ロバートは優秀な医師、母・スザンナは著名な陶芸家で実業家のジョサイア・ウェッジウッドの娘です。

一家の生活は、裕福で文化的でした。父親は「息子も医師になってくれたら」と考えていましたが、ダーウィンは幼少時から物覚えが悪かったそうです。案の定、ダーウィンはエジンバラ医大に進学はしたものの、血を見るのが苦手で手術室から逃亡した記録が2回もあり、わずか2年で退学してしまうのでした。

カブトムシ採集で「性淘汰」を着想

その後、父親の意思でケンブリッジ大学の神学部に入学したダーウィンですが、まともに勉強に取り組まず、カブトムシの捕獲・収集に血道を上げるばかりでした。**「カブトムシの収集ほど、私がケンブリッジで熱中し、楽しみにしていたことはない」**とのちに語っています。

それでもカブトムシを夢中で捕まえ続ける日々の中で、彼は「性淘汰」の概念を着想しました。性淘汰とは、オスとしての特徴が大きく出ている個体にメスが群がり、そうでない個体のオスはメスから振り向いてもらえずに生涯を終え、その血筋は淘汰される……といった思想ですね。カブトムシやクジャクなどの姿がオスとメスで大きく違う理由を、ダーウィンは性淘汰の概念で説明づけたのです。

ただ、カブトムシに本気で夢中になったというより、実際のところは「イヤな医学の勉強からも解放されたし、父親が資産家だから、自分は一生働かなくても生きていける」と楽天的になってしまっていただけではないか、とも思ってしまいます。ダーウィンは大学の学費を父親に負担してもらうのとは別に、毎年400ポンド（当時の1ポンド＝現代日本の5万円とすると**2000万円**）の仕送りを受けていました。

また22歳の時には興味に任せて測量船ビーグル号に乗り込み、約5年かけて世界一周旅行をしています。この費用も父親が出してくれました。

この旅行の成果として18冊の野外観察ノート、4冊の動物学日誌、13冊の地質学日誌をイギリスに持ち帰ったダーウィンは、地質学者として頭角を現します。しかし、大学の研究室や、どこかの研究機関に属するような就職は一切行わないままでした。

「進化論」を思いつくも引きこもりに

世界一周旅行の中で、ダーウィンはすでに「進化論」の萌芽《ほうが》ともいうべき発想を持ち、それに脳内を支配されてしまっていました。

キリスト教では、「世の中の生物はすべて神が創造し、姿形も神が考えたもの」とされます。この思想が浸透していた19世紀イギリスにおいて、「生物は長い時間の中で環境に適応するべく進化し、現在の形になっていった」とする進化論は異端的な発想でした。

それを他人に知られてしまうのが怖い……という理由により、進化論を世に問うた『種の起源』を出版するまでの約20年もの間、ダーウィンは引きこもりになってしまいます。

無職の引きこもりのままダーウィンは30歳になり、1839年、従姉妹のエマ・ウェッジウッドと結婚します。過保護なダーウィンの父親は結婚した息子への仕送りを400ポンドから500ポンド（＝**2500万円**）に増額してくれましたし、妻の父親からも年間400ポンド（＝**2000万円**）の仕送りがありました。

なお、結婚に際してはダーウィンの実家から1万ポンド（＝**5億円！**）、妻の実家から5000ポンド（＝**2億5000万円**）という巨額の「一時金」が出されました。一時金といえば、女性皇族の結婚で現代日本でも話題になりましたね。結婚後に品位を落とさず生活していくためのお金ですが、ダーウィン夫妻が受け取った金額も、まるで日本の皇族並みでした。大学教授をしていたダーウィンの地質学の師でも、年収が100ポンドにすぎなかった時代の話です。

ダーウィンの金運は極めて強く、20万ポンドもの父親の遺産を受け取った時は、それを元手に株式投資を行って大成功しました。1860年前後には年額5000ポンド（＝**2億5000万円**）、1870年以降は年額8000ポンド（＝**4億円**）の利益が出ています。

1859年、50歳の節目の年に出版した『種の起源』にも発売前から1250冊以上の予約注文が入り、当時の研究書としては驚異的なベストセラーになったそうです。

このように金には愛され続ける人生でしたが、ダーウィンは結婚の翌年である1840

年頃から、神経性の発作だと思われる頭痛、めまい、湿疹、不眠、そして頻発する嘔吐《おうと》といった症状に悩ませられるようになっています。体調不良により、父親の葬式にも出られなかったほどです。近親結婚の家系がわざわいしたのか、10人いた子どものうち3人は幼いうちに亡くなっており、ダーウィンの人生の幸福度が高かったとはいえません。

とくに、嘔吐癖は晩年まで止まらなかったようです。1882年、73歳で亡くなる直前には、メモ魔だった本人が**「生涯で400万回目の嘔吐」**と書き残しており、前代未聞の記録達成となってしまいました。

彼が嘔吐癖に悩まされ始めてから42年。単純計算で年間平均嘔吐回数9万5238回、1日平均260回。なんと1時間に10回以上ゲボゲボやっていたのです。もし、これが彼の有り余る金運の代償だったと考えれば、ダーウィンの豊かさがあまり羨ましくなくなるのが不思議です。

安月給をフンコロガシのエサ代に費やしたファーブル

フランスの田舎で教員生活を送りながら、昆虫の研究に打ち込んだ**アンリ・ファーブル**。

彼の教員生活は、なんと10代のうちに始まりました。彼がまだ15歳だった頃、父親の事業が大失敗し、一家はその場で離散してしまいます。自活せざるを得なくなったファーブルは、寄宿制の師範《しはん》学校の奨学生になる道を選ばざるをえませんでした。在学中に教員免許を取得、1842年に19歳で高校教師になったファーブルは、南仏の小さな街カルパントラで暮らし始めます。

21歳の時には、2つ年上のマリー・セザリーヌ・ヴィアーヌと結婚。両親からは結婚を反対されましたが、この女性の理解があってこそ、ファーブルの昆虫学の研究は進んだといえるでしょう。

1849年、ファーブルは妻と子らを引き連れ、一家でコルシカ島に引っ越します。当地では教師を続けつつ、自らも大学に通って学びました。

教師生活の鬱屈《うっくつ》を晴らすために、ファーブルはさまざまな本を読んでいたそうです。そしてモカン・タンドンという博物学者を自宅に宿泊させた際、博士が縫い針で行ったカタツムリの解剖に魅せられ、生物学全般、とくに虫に対して一気に開眼していったのでした。

教師としてのファーブルの年収はどれくらいだったのでしょうか？『昆虫記』の第1巻には、おそらく1860年代後半の「ある冬の晩」の回想として、「25年も勤め、功績も認められないではなかったのに、私は年1600フランという、金持ちの（家で雇われている）馬丁の給料より少ないお金をもらっていた」と愚痴る部分が出てきます。19世紀の1フラン＝現代日本の1000円として換算すると、教員生活25年目を迎えてなお、**年収160万円**……単純計算で月給133フラン＝**月給13万円**という厳しい数字がはじき出されるのでした。

「教師って学士免状とか本当にいろいろと専門資格が必要とされるわりには、そして長年勤務しても、ずーっと低収入のままなんだよなぁ」的な不満をファーブルがこぼす理由、そして自身を「貧乏教師」と自嘲《じちょう》するのもわかる気はしますね。

フンコロガシのエサ代に苦しむ

さて、昆虫学者ファーブルがフンコロガシと運命の出会いをしてしまったのは1853年以降、フランス南東部のアヴィニョンでの生活においてです。この頃のファーブルは当地で高校教師を勤めつつ、余暇を使って昆虫たちの生態を徹底的に調査する日々を過ごしていました。中でも強く惹かれたのが、特殊な生態で知られるフンコロガシだったのです。

彼の有名な『昆虫記』も、フンコロガシの話で始まっています。この本はファーブルの興味が赴《おもむ》くまま、さまざまな昆虫について語っては、別の昆虫に話題が移りまた戻る、自由な構成で綴《つづ》られます。第1巻では冒頭から、飼育がとくに困難だったフンコロガシの思い出話が披露されているのです。

なぜ、フンコロガシの飼育がそんなに難しかったのでしょうか。フンコロガシの飼育には、広いスペースとともに大量の草食動物の糞が必要です。当時のフランス農村部では、家畜の糞は畑の肥料にし、余ったぶんは業者に売られ、収入の足しにされていました。糞が捨てられることはほぼなかったので、大量の糞を集めるコストは高くついたのです。

それでもファーブルは、フンコロガシが幼虫からどのように成長していくのかを知りたいと願い、まずは産卵させようと20匹ほどのフンコロガシやその他の糞虫《ふんちゅう》と呼ばれる甲虫たちを集めました。問題のエサについては、隣の家の下男を買収し、その家の馬糞を分けてもらうようにしました。

この時、フンコロガシたちの毎日の「朝飯代」が「25サンチーム」かかりました（100サンチーム＝1フラン）。糞を巣穴に運び入れる以外の時間はずっと食事をしているような昆虫ですから、1日の食費は50サンチーム相当でしょうか。月給133フランのファーブルの日給は約5・3フランなので（1カ月あたり25日働いた計算）、フンコロガシのエサ代に**日給の10分の1**も費やす必要がありました。ファーブルは「**くそむしの家計の予算がこんな金額に上ったことは一度もなかったろう**」と憎々しげに書いています（山田吉彦、林達夫訳『完訳 ファーブル昆虫記』）。

19世紀中盤のパリにおいて、全労働人口の平均的な日給は3・8フラン程度、肉体労働者の平均日給が2フラン50サンチームでした。労働者階級にとっては、フンコロガシの毎日のエサ代は毎日の稼ぎの約5分の1にも相当し、小さな子どもが一人増えたくらいの出費に感じられたかもしれません。50サンチームが庶民の暮らしをどれほど圧迫するものかわかっていただけるでしょう。その一方で、当時の家畜の糞の価値がここまで高かった事実にも驚いてしまいますが。

しかし何日か後、馬糞をくすねる下男の行いが彼の雇い主に早くも見咎《みとが》められ、「糞の提供はもうできない」と言われてしまいました。毎日の手痛い出費はなくなったものの、今度はファーブル自身が街を歩き、糞の調達を行わなくてはならなくなります。しかもそこまでしてエサを確保してやっていたのに、フンコロガシたちは手狭なケージ内で糞を与えられるだけの生活に順応できず、すべて死んでしまったのです！

子どものバイトを雇って研究

次にファーブルは、「フンコロガシの幼虫が欲しければ、卵を探せばいいじゃない」と発想を転換しました。フンコロガシのメスは糞を洋梨型に固め、そこに卵を丁寧に産み付けます。ファーブルは近所の子どもたちに、「『蛆虫（＝フンコロガシの幼虫）』がついている『団子』を見つけて持ってこられたら、1個あたり1フランで買い上げる」と約束するのでした。

月給133フラン、しかも大家族の世帯主であるファーブルの毎月の研究費用がいくらだったかはわかりません。物価が高い当時の常として、一家の1カ月の食費代だけで133フランの半分くらいは消えてしまっていてもおかしくはなく、残りの66・5フランから、「団子」1個に1フランも支払うなんて約束をしてもよかったのでしょうか。ファーブルも1フランの支払いについては**「気違い相場」**だったと告白していますが、そんな夫の奇妙な所業をじっと見守り続けた彼の妻こそ、真の偉人だといえるのかもしれませんね。

ところが、期待の子どもたちは幼虫が産み付けられた「団子」をひとつも見つけられませんでした。フンコロガシの〝育児室〟は地下に隠されており、発見が困難だったのです。ファーブルはそれでも諦めず、執念で研究を続けました。

のちにファーブルは長年の経験から、フンコロガシの〝育児室〟を比較的自由に掘り当てられるようになります。また、彼らのエサとなる糞もかなり自由に調達できる環境を手に入れました。キャラメル1個で糞を集めてくれる子どもを見つけたからだそうです。しかし、それは彼がフンコロガシの研究を始めて、なんと40年近くも後のことでした。

妻にどつかれて年収5億!?
大統領リンカーン

極貧家庭出身者から大統領に成り上がるという、「アメリカン・ドリーム」を体現した**エイブラハム・リンカーン**。歴代アメリカ大統領の中でも一番人気を誇る彼の、経済事情はどんなものだったのでしょうか。

「丸太小屋からホワイトハウスへ」

リンカーンは、当時アメリカで貧困層が住む家の代名詞だった丸太小屋に生まれ育ちます。学校には1カ月くらいしか通えず、職を転々としながら勉強を続けるリンカーンでしたが、彼は非常に優秀だったので、弁護士試験にも独学で合格してしまいました。以降、政治家に転身するまでは弁護士として生計を立てています。

結婚相手は上流階級出身の**メアリー・トッド**です。彼女との結婚生活の中で、リンカーンの弁護士としての収入は上がっていきました。

新婚時はまだ富裕ではなく、小さな一軒家でメイドも雇えない生活でした。3歳の次男を喪《うしな》い情緒不安定になったメアリーは、貧しい生活へのフラストレーションを募らせます。木片でリンカーンの頭を叩いたり、箒でゴミを掃き出すように夫を家から追い出したりすることがありました。リンカーンは「もっと稼がなければ大変なことになる」と身体で理解させられたのかもしれません。

結果的に彼の弁護士収入は1500ドル（当時の1ドル＝2万円とすると**3000万円**）を超え、政治家に転身する直前には5000ドル（＝**1億円**）にまで増加していました。これは19世紀アメリカの平均的な州知事の年収を超える金額です。

1834年にはイリノイ州議会議員選挙に当選、1860年には**「丸太小屋からホワイトハウスへ」**というインパクトの強いキャッチコピーで見事に大統領選を勝ち抜き、翌年、第16代アメリカ大統領に就任しました。大統領としての年額2万5000ドル（＝**5億円**）の収入は、アメリカの政治家たちの中でも群を抜いて高額でした。

余談ですが、現代のアメリカにおける州知事の平均年収は約14万ドル（1ドル＝100円とすると1400万円）。大統領の年収は40万ドル（＝4000万円）で、19世紀に比べると大統領と知事の収入格差は是正されているそうです。

メアリーの暴走

さて、リンカーンの大統領就任に、妻のメアリーは大喜びです。彼女がリンカーンを選び、一度は結婚式をすっぽかされる悲惨な経験をしながらも彼に固執し続けたのは、「大統領夫人になりたい」という彼女の長年の夢を叶えてくれるのは彼しかいないと直感していたからでした。

しかし、夫妻が引っ越したホワイトハウスは内装が古臭く、調度品もカビじみており、メアリーには期待はずれでした。そこで、彼女は邸内の徹底的な改装に取りかかります。「大統領夫人たるもの、ホワイトハウスを美しく整え、各国からの賓客《ひんきゃく》のために豪華な晩餐会などを主催し、アメリカ人女性の代表として迎えねばならない」という強い使命感もありました。

夢中になって取り組んだことがアダになり、改装費そして接待費はとんでもなく高くつきました。この手の歳費は必要経費として認められていましたが、毎年2万ドル（＝4億円）までに抑えるべきとされていました。しかし、気づけばそれを6800ドルも超過。なんと、夫の年収を超える額を初年度から計上してしまったのです。

失態を夫に知られたくないメアリーが、側近たちに「各種経費を水増しして、6800ドル（＝**1億3600万円**）ぶん埋め合わせてほしい」などと頼んだ記録も残されています。こういうところも彼女が「悪妻」とされる理由でしょうね。

ちなみに、大統領に就任した1861年時点でのリンカーンの資産は1万5000ドル（＝**3億円**）でした。それが約4年後、暗殺によって彼が亡くなる1865年には8万5000ドル（＝**17億円**）にまで増額していたそうです。これはリンカーンが大統領としての収入2万5000ドルのうち約7割を貯蓄に回していたことを意味し、「リンカーンはお金に無頓着で浪費家だった」という噂は真実ではないようです。

貧乏家庭のトラウマから……ニュートンのその後

貧乏のあまり母親が〝身売り〟

世帯年収300万円……現代日本なら平均を大きく下回り、子どもがいれば将来の教育費が心配になる数字といえるでしょうか。

17世紀イギリスの天才科学者**アイザック・ニュートン**の実家の年収も300万円相当でした。ニュートン家の身分は下級貴族なのですが、豊かではなかったそうです。さらに不運なことに、彼が生まれる3カ月ほど前に父親が亡くなっています。

よって家族総出で土地を耕し、農業に従事して得られるだけの額しか稼ぎがなく、それがつまりニュートン家の世帯年収30ポンド＝300万円なのでした（当時の1ポンド＝現代日本の10万円として換算）。

ニュートン家も、アイザックが生まれた時から将来の教育費捻出《ねんしゅつ》に苦労しなくてはならなくなります。彼の母親が取った最終手段は、裕福な牧師との再婚でした。実質的な〝身売り〟です。

後年、ニュートンの金への執心が爆発するのは、「貧しさゆえに愛する母を牧師に奪われた」という幼い日の記憶があったからかもしれません。

3大発見の後に打ち込んだもの

ケンブリッジ大学に進学、地味な学生生活を送っていたニュートンが物理学に開眼したのは偶然のようなものでした。しかし、彼はこの分野でめきめきと頭角を現し、その才覚に注目していた教授から26歳の若さでポストを譲られ、一気に裕福になります。

17世紀のケンブリッジ大学の教授の基本給は年額100ポンドです。ちなみに当時の教授職は、1学期につき授業10回、そして週に2回、学生との会合に出るだけの実に楽なお仕事でした。ニュートンは自分が開拓した「光学」の授業を行いましたが、新ジャンルすぎて学生が重要性を認識してくれず、一人の学生の出席もない回もあったとか。

それでも教授としての給料に変化はありません。実家の農業収入も向上し、約100ポンドが期待できたので、1年あたり合計200ポンド（＝**2000万円**）ほどの高収入を、ニュートンはわがものにできたのです。かつての貧しい日々が嘘のような出世でした。

　ニュートンが若いうちからあまりに厚遇されているように感じる読者もいるでしょう。しかしこの時期、すでにニュートンは「万有引力の発見」「運動の三法則」「微分・積分法」など彼の人生における3大発見のすべてを終えてしまっていました。そして、その後の人生を使って彼が取り組んだのが、なんとオカルト……錬金術の研究だったのです。

　昼は大学、夜も研究室で働きっぱなしだったニュートンの平均睡眠時間は4〜5時間。ニュートンはあらゆる金属を黄金に変える「賢者の石」の錬成を目指しますが、それには普通の水銀とは異なる「魔力」を持ち、やすやすと金を溶かしてしまう「賢者の水銀」が必要とされました。ニュートンは、この物理学の法則を無視した異常な物体を作り出せたと手記に書いています。彼の残した膨大な手記は、若くして物理学を極めた天才が奇妙な世界に没頭していく様をうかがわせる、鬼気迫るものでした。

ニュートンの金運

　もちろん、オカルトの世界にだけニュートンが生きていたわけではありません。黄金を錬成したいほど〝金〟が大好きなニュートンはさらなる高収入を目指し、投資に取り組み、大成功を収めました。

1720年までに奴隷貿易で暴利をあげていた「南海会社」の株に1万ポンドもの大金をつぎ込み、巨利を得ています。もっと稼ぎたくなり、再投資した直後に〝バブル〟が崩壊……。あえなく資産を失いますが、基本的には金運が強く、裕福でいられました。〝金〟との縁ゆえか、造幣局からのオファーを受けて勤めていたこともあります。

晩年のニュートンの年収は2000ポンド（＝**2億円**）にも達し、遺産は3万2000ポンド（＝**32億円**）あったというから驚きです。

妻子がいないニュートンの財産は甥や姪たちに分配されていきましたが、平均以下の知能しかなかったという彼らの手で見事に食い潰されてしまいます。知的な意味でも経済的な意味でも、後継者と呼べる存在はニュートンには現れぬままでした。

推定年収数千万、シェイクスピアの知られざる副業

ウィリアム・シェイクスピアがロンドンにやってきて演劇の世界に入ったのは、1584年、彼が20歳の頃だったといわれます。当初は俳優志望でしたが、26歳頃から芝居の脚本も手掛けるようになり、28歳の時にはすでに人気脚本家の仲間入りをしていました。

28歳のシェイクスピアを、ロバート・グリーンというベテラン脚本家は「孔雀《くじゃく》の羽根を尻尾につけて威張っているカラス」とか「成り上がりのカラス」と表現、「あんなヤツが自分を『舞台を揺るがす者（Shake-scene）』と思っているのは片腹痛い」などと、自分の遺言状の中で痛罵《つうば》した記録があります。1592年のことでした。

死の床にある同業者が呪詛《じゅそ》のような言葉を吐いて妬み、憎みながら死んでいくほどの人気脚本家になったシェイクスピア。その年収は、どれほどだったのでしょうか？

意外かもしれませんが、シェイクスピアが劇場の仕事で得た金額はそこまで大きくはなかったと推定されます。彼のホームグラウンドだったグローブ座のチケット代は、平土間

の立ち見席が1ペンス（＝約420円）、座れる回廊席が2ペンスです。

この時代、グローブ座はもちろん、一般的なロンドンの芝居小屋は狭く、天井もついていない青空劇場ばかりで、目を引くような小道具・大道具などはありません。グローブ座は衣装だけは豪華なのが売りでしたが、お金がかかった舞台ではないと一目瞭然なら、チケット代も高くは取れません。しかし、連日かなりの客入りだったのか、200人以上いた役者たちの平均年収は70ポンド（＝**700万円**）あったそうです（1ポンド＝10万円として計算。当時の肉体労働者の年収は8ポンド、学校教師は20ポンドだった）。

シェイクスピアの脚本料などは不明ですが、役者たちの平均年収＋αくらいの額だったのではないでしょうか。当時、上演権などの考え方は存在しておらず、彼の脚本が仮にほかの劇団に上演されても権利収入はありません。脚本の書籍化も、自分で企画して自費出版しなければ儲《もう》けにはなりませんでした。グローブ座の経営陣に名を連ねていたシェイクスピアには権利収入も少々ありましたが、ほかの偉人に比べそこまで裕福ともいえないレベルにとどまっていたと思われます。

シェイクスピアの秘密の仕事

人気脚本家の仲間入りをしてから約10年後、38歳のシェイクスピアは、彼の故郷のストラッドフォード・アポン・エイヴォンに投資用の土地を購入しました。その額は320ポンド（＝**3200万円**）、しかも現金購入した記録が残されています。土地購入には父親の遺産を使ったともいわれますが、シェイクスピアが成人した頃にはすでに父親は事業に失敗、没落していました。

この手の大きな支出から、「シェイクスピアの年収は高額だったのでは」という仮説が生まれるのでしょう。定説はありませんが、1600年頃の彼の年収は推定で250ポンド（結城雅秀『シェイクスピアの生涯』）。ほかには「少なくとも200ポンド、多くて600ポンド」という説もあります（中野好夫『シェイクスピアの面白さ』）。現代ならば**年収2000万～6000万円**ほどと推定されているのです。

これは劇場の収入のほかに、シェイクスピアには隠れた大きな収入源があったことを意味しています。

内実が明らかになっていないのは、秘密の仕事だったからだと考えるのが妥当です。たとえばシェイクスピアが人気作家になったばかりの28歳頃、つまり1592年頃のロンドンではペストが大流行し、1週間で約30人の病死者が出ると劇場は閉鎖されました。食べていけなくなったシェイクスピアは、『ヴィーナスとアドゥニス』や『ルークリースの凌辱』などのロマンティックな物語詩を**サウサンプトン伯爵**に捧《ささ》げ、「パトロンになって」と懇願した記録が残されています。

献呈《けんてい》の見返りとして、伯爵からは「好きなものを買いなさい」と1000ポンド（＝**1億円**）の大金がいただけました。こう書けば、サウサンプトン伯を裕福な中年紳士のように想像する方もいるでしょうが、実際の伯爵はシェイクスピアよりかなり年下で、当時19歳の若者でした。

大金持ちの美青年で、政略結婚を求められてはハネつける。理想主義者にしてナルシストのサウサンプトン伯に、シェイクスピアは『ソネット集』を捧げます。そして詩の中で、「君を夏の日にたとえよう（略）君の永遠の夏は色あせない。君の美しさが消えることはない（略）この詩は生き、君に生命を与え続ける」などと伯爵を讃《たた》えました。

シェイクスピアの同性愛的な一面がうかがえるとする研究者もいますが、あまりに熱烈すぎて、筆者には作為的な印象があります。おそらくは貴族の若様がお気に召すよう、あえて甘く書いたのではないか、と思われてなりません。また、伯爵からは大金を受け取る一方、シェイクスピアは詩集を自費出版し、かなり儲けた記録があるのです。1599年までに第6版が出され、当時としては驚異的なベストセラーとなりました。

これ以降、シェイクスピアがサウサンプトン伯に捧げた作品は見つかっていないようです。作品を世間に公開しないことが援助の条件だったのかもしれません。

サウサンプトン伯に限らず、パトロンとの逸話が一切現れなくなったのも逆に不自然です。シェイクスピアは非公開の仕事として、さまざまな貴族の個人的な嗜好《しこう》に合わせて詩や劇を書き、時には恋文なども代筆していたのでは……などと想像もできてしまいます。

劇場の仕事と並行して影で行われていた、秘密のご奉仕。その見返りとして、シェイクスピアは投資用の土地を現金購入できるだけの富を得た、というのが筆者の推論です。

遺産は控えめ？

かくして元手を得たシェイクスピアは、土地や利権の買収をせっせと行います。自分の男系子孫に代々受け継がせられる紋章まで用意していたのですが、長男ハムネットが11歳で夭折《ようせつ》した後、新たな男子を授かることはありませんでした。

失意のシェイクスピアは1616年に52歳で亡くなりますが、その遺言はある意味、不可思議なものでした。次女のジュディスに合計150ポンド（＝約1500万円）の現金を贈り、「シェイクスピアの死後3年経っても彼女もしくは彼女の子孫が生きている場合は、さらに150ポンドを与える」と決めたのが〝最高額〟で、年収が継続して数百ポンドもあったとされる人物の遺言にしては数字が控えめなのです。

事実、シェイクスピアの遺産は目録から見る限り、「現金350ポンド（＝3500万円）、土地と家屋1200ポンド（＝1・2億円）」程度です。10代の頃に熱烈な恋愛結婚をした8歳年上の妻・アンには、その後には関係が悪化していたとはいえ、なぜか「2番目に良いベッド」しか与えませんでした。

自分の血を引く男系相続者に恵まれなかったシェイクスピアは晩年、自暴自棄になって現金をほとんど使い果たしてしまっていたのかもしれません。彼の作に『終わりよければ全てよし』という戯曲がありますが、晩年のシェイクスピアがその境地に達していたかどうかは不明です。

ギャンブラーの才能もあったモーツァルト

実は稼いでいたモーツァルト

2016年のアメリカでもっともCDが売れたアーティストは、なんとあの**モーツァルト**だったそうです。クラシック・ファンはストリーミング配信などでは満足せず、より音質がよいCDを買う傾向が強いのかもしれませんが、ヴォルフガング・アマデウス・モーツァルトの人気がいかに高いかがわかります。

こう聞いて、「生前のモーツァルトは人気の衰《おとろ》えに苦しみ、多額の借金を残して亡くなったのに……」と、残念な思いに囚《とら》われる人もいるかもしれません。

ところが、音楽学者ギュンター・バウアーによると、モーツァルトは晩年の10年間（1781～1791年）、平均4500グルデンもの年収があったそうです。これが事実なら、「素晴らしい音楽を残しながらも、凡庸《ぼんよう》な聴衆に理解されずに貧困にあえぐ天才モーツァルト」という定番のイメージの半分くらいは正しくないようですね。**1350万〜1800万円**相当の年収を得て生活していたことになりますから……（1グルデン＝3000〜4000円で計算）。

モーツァルトの人気低迷は事実だったにせよ、死の年である1791年においても、3725グルデン（＝**約1100万〜1500万円**）もの収入があったと。ブラウンベーレンス博士は状況証拠をもとに試算しています。これらのデータが示唆《しさ》するのは、おそらくモーツァルトは音楽以外の手段で大金を稼いでいたということです。

一方で、高収入でありながら、知人に泣きついて借金をした記録もあれば、彼が病没した時には5000グルデン（＝**1500万〜2000万円**）もの大口負債も判明したと、妻コンスタンツェが証言しています。

かつては高級温泉地で浪費を繰り返すコンスタンツェのせいでモーツァルトは困窮《こんきゅう》したとされましたが、彼女が貧困の直接原因ともいえないようです。モーツァルトは家計のやりくりに妻を関与させようとはしませんでした。モーツァルトの支出はあまり明確ではなく、それどころか意図的に消し去られた形跡すらあるのです。モーツァルト家のバランスの悪すぎる収入と支出、この謎を解く鍵はどこにあるのでしょうか？

モーツァルトのギャンブル中毒

バウアーの著作『ギャンブラー・モーツァルト』によると、モーツァルトは、少年時代から（！）あらゆる賭け事に親しんでいたようです。

高収入にもかかわらず、頻繁に知人に泣きついて借金を繰り返し、結果的にはかなりの借金を残しています。しかし、本業はそこまでパッとはしない。そんなモーツァルトの謎は、「彼がギャンブル中毒だったのでは」という推論でしか解けない気がするのです。一時的には大勝ちして多額の現金を手に入れているのに、またハデに賭け、大負けしてすべて失う。借金してギャンブルをする生活を続け、そのまま死んでしまったわけですね。

20代の人気全盛期に経験した豪華な生活を、低迷期を迎えた30代でも忘れられず、「本業がダメならギャンブルで稼ごう」と思ってしまったのかもしれませんが。

もともとモーツァルトには、ギャンブルに耽溺《たんでき》する素質がありました。プロの音楽家としても、モーツァルトは一瞬で大金を稼ぐ働き方に強い愛着があったことが知られています。

現代人の感覚からするとモーツァルトは作曲家ですが、彼は即興演奏が得意なピアニストとしても活躍していました。生前の彼は、机に座り五線譜に音符をチマチマと記していくより、ピアノの鍵盤を10本の指で縦横無尽に奏で、満員の聴衆から拍手喝采を浴びることを好んだそうです。彼が最盛期に主催したコンサートでは、一晩で**数百万円相当**も稼げました。生粋のギャンブラー気質だったのかもしれませんね。

35歳で早すぎる死を迎えたモーツァルトには、「実は殺害された」という物騒な説が19世紀頃から囁《ささや》かれ続けています。しかし、モーツァルトを貧困に追い込み、早死にさせてしまった〝真犯人〟、それは彼のギャンブル癖だった……筆者はそう考えています。

「子沢山で食べていけない」と嘆いたバッハ

18世紀のヨーロッパでは片田舎というしかないドイツから、生涯、外に出ることがなかった**J．S．バッハ**。それにもかかわらず、彼の音楽には時代や地域を超えた普遍的な価値があり、その存在感は現代日本においても唯一無二であり続けています。バッハが音楽史で「音楽の父」と称される理由です。

そんな「音楽の父」バッハは、実人生の中では2回結婚し、合計20人の子どもの父となりました。成人できたのは10人だけでしたが、彼らのため、バッハは苦労して稼ぎ続けねばならなかったようです。

バッハの年収は高いか低いか

バッハの名声が頂点に達したのは、1723年以降、彼が亡くなる1750年まで続けた、ライプツィヒ・聖トーマス教会のカントール（＝音楽監督）に就任してからだといわれています。カントールは、教会の礼拝の音楽を取り仕切り、折に触れてパイプオルガンを演奏し、オーケストラや合唱団の指揮や宗教音楽の作曲を行うのが仕事です。

プロテスタントの教会は、音楽芸術を重視する傾向にあります。とくに聖トーマス教会は音楽に注力しており、バッハの前任者はヨーロッパ中でその作品が知られる人気作曲家のゲオルク・テレマンでした。

教会側に課された厳しい選考基準をクリアして、バッハは栄《は》えある聖トーマス教会のカントールの座をようやく手に入れます。しかし名声に反し、聖トーマス教会のカントール職の収入は高くはありませんでした。

1730年、バッハは名誉ある地位にいた知人の役人ゲオルク・エルトマンに「食べていけない」といわんがばかりの手紙を送り、ほかに稼げる仕事を紹介してくれないか……と頼んでいます。それもそのはず、バッハいわく「私の現在の地位（＝カントール）はおおよそ銀貨700ターラーほどの収入になります」。当時の1ターラー＝3000円ほどの価値があると考えられるので、年収は**210万円**です。

現代日本人の感覚では相当な経済的困難が想像される一方、18世紀前半のドイツではこれでも「相当に余裕のある額」（礒山雅『J・S・バッハ』）とする説もあります。

18世紀前半のドイツの給与水準は軒並み異様に低く、住み込みの従僕《じゅうぼく》が年収10〜12ターラー（＝3万〜3・6万円）、当時は外科手術も行っていた床屋の年収が50ターラー（＝15万円）。物々交換が中心で、貨幣経済が根付いていなかったことも大きいでしょう。

同時期の牧師は年収175ターラー（＝約52万円）と比較的高給でした。教会関係者の〝高収入〟からは、当時のドイツは教会中心に経済が動いている中世さながらの世界だったことが推察されます。そしてバッハの年収700ターラーは、教会関係者の中でも高いものでした。

ちなみに、バッハが最初にオルガニストとして就職した時の年俸は、諸経費込みで85グルデン＝約73ターラー（＝約22万円）。ゲオルク・エルトマンへの手紙に書かれた年収は、それと比べても10倍近くになっています。

勝ち気なバッハの気性を考えると、かなり稼いでいるのに稼いでいない風を装った〝年収マウンティング〟だったのかも……という疑いもなきにしもあらず。

バッハの副業

とはいえ、エルトマンへの手紙を書いた時点のバッハは専業主婦の妻に加えて7人の子持ち、さらに弟子たちの面倒まで見ていました。ライプツィヒ時代には、扶養家族数が妻と子あわせて11人にもなっていきます。大家族の大黒柱であるバッハが210万円の定収入だけでは、さすがに厳しかったのでは……などと筆者は考えてしまいました。

ただ、やはり抜け道はあるものですね。700ターラーは〝基本給〟なのです。カントール職は公務員でありながら、各種のアルバイトも認められていました。

「給料が低い」と嘆くバッハにとって〝恵みの雨〟が、葬式オルガニストのアルバイトだったのでした。バッハがいかに頻繁な葬儀を待ち望んでいたかは、例の転職希望を訴える手紙からも明らかです。

「例年よりも葬儀の数が多いときですと、その分だけ臨時収入も増えますが、健康に良い天候の年になりますと、反対にこの種の収入は減少するわけでして、現に昨年などは例年の葬儀収入を銀貨一〇〇ターラーも下回る有様でした」（磯山雅『J・S・バッハ』）

たしかに100ターラー（＝30万円）は大金ではありますが、この時期のバッハがかなり切迫した財政事情を抱えて生きていたことがわかります。

葬式以外にも臨時収入の機会はありました。1738年、ザクセン選帝侯という貴族からの依頼を受けたバッハは『表敬カンタータ』なる楽曲を作曲・演奏したそうで、その際の領収書が残されているのです。音楽史の本ではないので簡素な説明となりますが、カンタータとはオーケストラと合唱、独唱で奏でる声楽曲の総称です。

残念ながら、この『表敬カンタータ』の楽譜は失われてしまっています。そのためどういう規模の楽曲であったかなどの詳細がわかりませんが、ザクセン選帝侯から支払われた報酬全額は58ターラー（＝**17万4000円**）でした。〝たった〟17万円で「音楽の父」バッハに自分を讃える音楽を作曲・演奏してもらえるのなら、安いものですよね。

なおこの時、作曲と指揮を担当したバッハ一人の取り分はなんと50ターラーでした。オーケストラの演奏家や合唱・声楽を担当した音楽家たちには8ターラーしか渡さない、という身も蓋もないドケチぶりを見せつけているのです。このあたりにも、「臨時収入があれば1銭でも多く懐に入れたい」という彼の執念を感じてしまいますね。

バクチが止まらないドストエフスキー

19世紀ロシアを代表する文豪、**フョードル・ドストエフスキー**。１８２１年、モスクワの軍医の家庭に生まれた彼は、軍人を目指し１８４３年に工兵学校を卒業しています。階級は少尉でしたが、配属先は工兵隊製図局でした。

この頃、すでにドストエフスキーの父は他界しており、亡父から土地を相続した妹ワルワーラとその夫カレーピンから、１年あたり１０００ルーブルの現金が送られていました。当時の１ルーブルは現代日本円で１０００円相当なので、**１００万円**ほどになりますね。

この土地収入と製図局の給料を合計すれば、おおよそ５０００ルーブル（＝**５００万円**）の収入が当時のドストエフスキーにはありました。しかし、ドストエフスキーの生涯にわたる病である浪費癖とバクチ癖がすでに彼を悩ませており、なんと８０００ルーブル（＝**８００万円**）の借金までありました。

それにもかかわらず、「工兵隊製図局の勤めがイヤ」という理由でドストエフスキーはわずか１年で退職を敢行《かんこう》。**「さて、さしあたり何をするか、それが問題です」**などと兄にノンキな手紙を送ったのち、具体的な成功の目論見がないまま作家を目指すことになったのです。

その後は大変でした。ロシア皇帝への反逆罪で処刑されそうになったり、彼を愛してもいない未亡人に入れあげて辛酸をなめたり。小説家として頭角を現すものの、少しお金が入れば浪費とバクチ、家計は常に火の車です。おまけに好きになった女性からはいつも冷たく振られ、金も愛もない人生を過ごしていたドストエフスキーは、悪徳出版業者ステロフスキーの手口にかかります。**「当座の金は貸すが、一定期間で2本の長編小説を仕上げられない限り、作品の著作権はすべて没収するし、違約金も支払え」**という驚愕の悪条件での執筆を余儀なくされたのでした。

アンナとの出会い

この時、なんとか書きあげた1本目が『罪と罰』。セールスも振るいましたが、ドストエフスキーは2本目の『賭博者』の執筆に行き詰まりました。

違約金発生期限まであとわずかという時、20歳の女学生**アンナ・グリゴーリエヴナ**をアルバイトに雇います。彼女の速記に助けられ、なんとか原稿は完成して事なきを得られました。ドストエフスキーは当時45歳。アンナとは25歳も年齢差があり、彼女の家族から猛反対を受けつつも二人は結婚にまでこぎつけます。

しかし、さすがは「喉元過ぎれば熱さを忘れる」タイプのドストエフスキー。新妻アンナとドイツ旅行をする中でも、カジノを見つければ入り浸り、1週間で有り金すべてをスッてしまってもなお手が止まらず、荷物を質入れしてまで賭け続けます。

「往々にして夫は自制がきかず、質に入れて得たばかりの金をすっかり負けてしまうことがあった」とアンナが語る一方、完全破産の一歩手前でドストエフスキーが4300ターラーの金貨が入った袋を持ち帰ってきたこともありました。19世紀の1ターラーは現代日本の5000〜1万円ですから、少なく見積もっても**2000万円以上**の大勝ちです。しかし、その金貨もやがて使い切ってしまいました。

アンナいわく、賭け事に狂った状態のドストエフスキーを止める術はないそうです。本人が疲れ果てて満足するまで、ただ待つことしかできませんでした。よく離婚しなかったものです。ドストエフスキーの小説には悲惨な境遇の主人公を支える献身的な女性が登場しがちですが、まさにアンナは彼の理想だったといえるでしょう。

『資本論』に見るマルクスのトンデモ金銭感覚

19世紀半ばのヨーロッパで共産主義・社会主義を唱え、異彩を放った経済思想家**カール・マルクス**。現在でも、独創的な思想家としての地位を保ち続けています。そんなマルクスの実収入はどれくらいだったのでしょうか。

実はかなりの高収入を、それもかなり恵まれた方法で維持しており、驚くばかりなのです。もともとロスチャイルド家に縁戚として連なる名家出身のマルクスは、ドイツのプロイセンで裕福な父親に甘やかされながら育ちました。

あればあるだけ使ってしまう浪費傾向が学生時代にはすでに認められ、彼の父親の年収1500ターラーのうち、マルクスは700ターラーを、しかも使途不明金として使い果たしています（1ターラー＝1万〜2万円とすると、700ターラーは**700万〜1400万円**に相当）。

人付き合いが大好きで、気さくな人柄だったというマルクス。身なり全般にまったく関心を持たなかったので、出費の大半は接待交際費だったのかもしれません。豪快に飲み食いしていたら、瞬《またた》く間になくなったのでしょう。経済学に強い関心を示す一方、父親から何度言われても家計簿すらつけられないマルクスに対し、両親の不安は募っていきました。

25歳を迎える1843年、マルクスは貴族出身の妻**イェニー**との熱烈な恋愛を実らせて結婚しています。イェニーはマルクスとの愛の日々を思い出し、「カール、あなたが私にキスをして、私を抱き寄せ、抱きしめ、私が不安と驚きで息もできなくなると、あなたはそれから私をじっと見つめた」などとのちに記しています。

裕福に生まれ、人脈を財産としたマルクスでしたが、人脈が悪い方向に影響することもありました。そのひとつが、当時のドイツではご法度だった共産主義・社会主義にマルクスがかぶれてしまったことでしょう。

狭いボロ家なのに使用人だらけ？

1850年、共産主義者マルクスはヨーロッパ全土に居場所がなくなり、イギリス・ロンドンへイェニーとともに移住します。共産主義・社会主義運動に対して唯一、取り締まりがなかったのがイギリスだったためですが、ドイツの何倍も物価が高く、それまでのような生活は続けられなくなりました。移住当初は立派な家具つきのアパルトマンに暮らしていましたが、やがてロンドンでも最下層向け貧困地域・ソーホーにある2間だけの安アパートに引っ越さざるを得なくなったのです。

ドイツ・プロイセンで問題人物として睨《にら》まれていたマルクスへの監視は、イギリス亡命後も続きました。監視のため派遣されたスパイのヴィルヘルム・シュティーバーも、マルクスの暮らしぶりを見て仰天しています。シュティーバーをスパイと知らず、客好きのマルクス夫妻はニコニコしながらその汚い家に招き入れてしまったのですが、「**この住まいには良質な家具類などはただのひとつもない**。**どれもこれも壊れかけ、引き裂かれ、ボロがはみ出している**」などと言われてしまっています。

驚くべきことにこの時点でもマルクスには、フリーライターとして1年に〝最低でも〟200ポンド（1ポンド＝5万円とすると**1000万円**）ほど稼ぎがありました。額面だけ見れば、これは当時のロンドンでも、それなりの高収入とされる金額です。それなのになぜ彼らはボロ家に住んでいたのでしょう？

どうもマルクスは、住む部屋にこだわるより、使用人に囲まれた暮らしを重視したようですね。マルクス家には、ヘレーネ・デームートというメイドが雇われていたそうです。メイドがいるのに、なぜ荒れ果てた部屋にマルクスは住んでいたのか疑問ですが、汚い部屋でないと執筆できなかったのかもしれません。

マルクス専属の男性秘書も雇われています。娘たちにはそれぞれに専属の家庭教師がつけられ、ブルジョワの令嬢としての教育が与えられていました。彼らが暮らしていたのは貧民街の安アパート、それもチェーンスモーカーのマルクスのタバコの煙がひどく、前も見えないほどのゴミ屋敷でしたが。

収入以上に贅沢な暮らしを夢見る人はいつの時代もいるものです。いくら人件費が安かった19世紀とはいえ、マルクスの1000万円程度の収入では生活が立ち行かなくなるのは目に見えていました。

エンゲルスから貢がれる

そんなマルクスの救いの神になったのが、マルクスの弟子にして親友、そしてATMのような扱いを受けていた**フリードリヒ・エンゲルス**です。

エンゲルスとマルクスは連名で『共産党宣言』を1848年に出版しており、「全世界のプロレタリアよ、団結せよ！」と勢いよく呼びかけています。

しかし彼ら二人は名実ともに「プロレタリア」には属していませんでした。エンゲルスもドイツ・プロイセンの裕福な工場経営者を父に持つお坊ちゃまで、30代になった当時も過保護な母親から多額の仕送りを受けている身でした。

ところが甘い母親も、息子が「革命家」に貢ぐのに仕送りを費やしていることを知ると仰天して送金を止めてしまいます。母親は「お前もいい年になっていて、自分の食い扶持《ぶち》くらいは自分で稼ぐ能力をもっている」と言いましたが、エンゲルスは父親に命じられた仕事をすることにします。

ドイツにいるエンゲルスの父親は、彼の共同経営者でイギリスのマンチェスターにいるエルメン兄弟の不正を疑っていました。そこで、マルクスを追いかけイギリス在住の息子をスパイとして使おうと思い立ったのです。

かくしてエルメン兄弟の会社に入り、彼らに怪しい動きがないかを偵察したエンゲルスですが、当初の収入はそこまで高くありません。1853年、エンゲルスの年収は100ポンド（＝500万円）、そのうち60ポンド（＝300万円）がマルクスに貢がれました。

マルクスの狂った金銭感覚

こうしてエンゲルスに援助されつつ、マルクスは書き物の仕事をそれなりに頑張っていきます。執筆開始から20年もかかりましたが、1867年、彼の主著『資本論』の第1巻が発表されました。無学な労働者はもちろん、経済学を修めたインテリでも理解しづらい難解な内容でしたが、それ以上に気になるのは、マルクス自身の特異な金銭感覚が垣間見える記述です。

『資本論』では、「1着の上着」を「500キロの鉄」と等価値としており、これはなんと現代日本円で**約30万円**に相当します。たしかに19世紀において布の値段は高く、既製服はなく、古着の値段さえ高めでしたが、1着30万円のジャケットを普段着と想定しているあたりに、マルクスのとんでもない金銭感覚がうかがえるようです（望月清司「価値形態論の上着は30万円」）。

ほかにも当時のイギリスで時価2・7ポンド程度だった1クォーター（＝約290リットル）の小麦を、その3倍近い7・7ポンドと書いてしまっていますね。モノの値段などまったく気にしない金の使い方をしていたと推察でき、彼に本物の労働者の暮らしが見えていたとは思えません。

それでも『資本論』の1000部の初版は4年ほどで売り切れ、加筆訂正などをした第2版が1873年に発売されたそうです。これは当時としてもベストセラーではないにせよ、専門書としてはなかなかの売れ行きといえる成績でした。

モチベーションの低下

若き日にはフリーライターとして威勢のよい文章を書き、人気だったマルクス。しかし、年々難解になっていくマルクスの著作は売れにくくなっていました。同時に執筆のモチベーションも失われていったようで、続刊の執筆はできませんでした。

「マルクスの健康が急速に悪化し、原稿を書く気力が失われてしまったから」とされがちですが、エンゲルスが貢いでくれる金額がかなり高くなったからかもしれません。

父親に言われるがまま、エンゲルスは産業スパイのようなことをさせられていました。優秀だった彼はエルメン兄弟から共同経営者の一人に加えてもらい、高収入を得られるようにもなっていました。1851年〜1869年の間で総額2万3289ポンド（＝**約11億円**）もエンゲルスは稼ぎ、そのうち3121ポンド（＝**約1億5000万円**）をマルクスに貢いだとされます。

しかし実業家の仕事が大嫌いだったエンゲルスは1869年、自分の経営権を共同経営者エルメン兄弟に1万2500ポンドで譲渡し、実業界から引退します。高額の収入を得るよりも、マルクスのすぐ傍《そば》に住み、彼の世話をしたいとエンゲルスは希望していました。

また、彼の退職後も、マルクスには年額350ポンド（=**1750万円**）が4分割で（すぐにあるだけ使ってしまう癖を考慮して）与えられることになりました。

この頃のマルクスは腫瘍をともなう皮膚病、結核、気管支炎などに苛《さいな》まれており、医者に通っていましたが、医者からの請求費もエンゲルスが別枠として支援してくれることになっていたようです。至れり尽くせりですね。

しかし、いくら豊富な援助を受けられたところで、健康状態が最悪であれば生活は快適とはいえないでしょう。妻や娘が相次いでガンで亡くなる中、マルクス自身も1883年3月14日に死去します。肘掛け椅子に座ったままで冷たくなっている姿を、エンゲルスによって発見されたのでした。

Column

「上流階級」と呼ばれるのに必要な年収

19世紀イギリスのステイタスシンボル

ヴィクトリア朝時代と呼ばれる19世紀のイギリスで、上流階級の一員だと認めてもらうには具体的な条件がありました。

それは、馬車の所有です。王族・貴族や実業家だけでなく、成功した開業医や作家なども馬車を持っていました。馬車の車体や馬を購入し、高額な維持費を支払うには最低でも750ポンド以上、現代日本円で**3750万円**以上の年収が必要とされました（当時の1ポンド＝5万円として換算）。これは当時のイギリス社会において、上位1％以内に入る「富裕層」に相当します。

馬車の所有は単なる移動手段の確保にとどまらず、憧れの的だったのです。馬車は名実ともに上流階級の仲間入りをした証であり、ステイタスシンボルでしたから。

そんな馬車の所有をめぐる、ある興味深いお話をご紹介します。

ジェニーとランドルフの出会い

その鮮烈な美しさは〝ヒョウ〟、瞳は〝輝くダイアモンド以上のきらめき〟と讃えられた**ジェニー・ジェローム**。彼女は1854年、ニューヨークの富裕な実業家の家に生まれ、パリで教育を受けた令嬢です。

ジェニーがのちに夫となるマールバラ公爵家出身の**ランドルフ・チャーチル**と出会ったのは、とある豪華客船で行われた舞踏会でした。あるいはジェニーの父が所有する競艇場で紹介されたともいいますが、いずれにせよ夢のような豪華なお話です。

時にして1874年、ジェニーはまだ19歳、ランドルフは25歳の若さでした。彼らは初対面から強く惹かれあい、出会った3日後には婚約まで終えていたそうです。

当時のイギリスの上流社会では、ジェニーのようなアメリカの富豪一族出身の平民女性が、イギリスの大貴族の正妻の座をやすやすと勝ち取っていく様が問題視されがちでした。アメリカ出身の貴族夫人を〝アメリカン・プリンセス〟と呼び、イギリス上流社会は憧れと嫉妬をむき出しにしていたのです。

一方、アメリカの大富豪側も、イギリスの由緒正しい貴族に娘を嫁がせるのは名誉なことだとの認識はありましたが、手放しで喜べる状況ではありませんでした。19世紀も半ばを過ぎた頃の貴族たちは経済的に没落し、さしたる財産の持ち主ではない場合が非常に多いのです。ジェニーが選んだマールバラ公爵家出身のランドルフも、まさにそういうケースでした。

マールバラ公爵家は当時、没落の一途にあり、社交界では「公爵としては貧乏」といわれていました。その三男坊に生まれたランドルフは父親の公爵位を継承できず、ランドルフ卿と呼ばれる権利は持っていましたが、法律的な身分はジェニーと同じ平民です。

5000万円の車体を買えず……

ランドルフの主たる収入は保守党議員のサラリーだけで、上流階級の証である馬車も所有していません。しかし奇妙なことに、馬車はないのに馬だけは自宅で2頭飼っていました。これは馬車の車体価格がかなり高く、現代日本円でいえば**約5000万円**はしたからでしょう。

レンタルも高くつくので、せめて馬だけは経費節減のために自宅で飼い、車体のみを借りよう、ということだと思われます。名門マールバラ公爵家に生まれながら、上流階級とは名実ともに呼べない男、それがランドルフ・チャーチルの正体だったのです。
しかし、それでもランドルフには貴族的な「傲慢《ごうまん》さ」が感じられ、そこにジェニーは魅力を見いだしました。彼女はこの時まだ20歳だったにもかかわらず、「彼は傲慢であるがゆえに将来失敗するだろうから、それを私が助けてあげたい」と思っていたそうです。大した女性ですね。

結婚後、すぐに長男のウィンストンが生まれます。のちに第二次世界大戦時のイギリスを導いた英雄、**ウィンストン・チャーチル首相**です。勉強が不得意なせいで見栄っ張りの父親とは折り合いの悪かったウィンストンを、献身的なジェニーの熱い母性愛が救い、彼は一人前の政治家に成長できたのでした。

第2章
日本の偉人の年収

信長・秀吉・家康、3大英雄の直轄領収入勝負

戦国時代、武将の強さは資金力と比例していました。それを何よりも証明するのが、**織田信長**、**豊臣秀吉**、**徳川家康**という3人の天下人たちが、日本史上最大規模の資産家だった事実です。

そうなると知りたくなるのが、彼らの年収です。しかし戦国時代の支配者に、総収入を公開する習慣はありませんでした。それに戦国大名の収入源は多岐にわたり、総収入の計算は実に複雑です。たとえば領内の鉱山から産出された金銀も大きな利益を生み出していましたが、これに関しては残念ながら正確なデータが存在していません。

今回はわかりやすさを最重要視し、3人の天下人たちが直接支配していた最大時の「直轄領」を中心に、彼らの強さの秘密である資金力について比較していこうと思います。

信長の〝年収〟

最初に、信長の〝年収〟を計算していきましょう。〝乱世の革命家〟として知られる信長

ですが、とくに経済面では革命的な決断の数々を行いました。自領内の関所を撤廃、市場でも商売にかかる税金を免除して「楽市・楽座」を開いています。

信長が経済に明るく、稼ぐことにこだわりがあったのは確かな一方、彼の直轄領の規模には定説がありません。信長研究の第一人者である谷口克広氏によると、信長の直轄領は（近親のぶんも含めて）150万石ほどだったそうです。実質的には100万石くらいという説もありますね。

直轄領からのもっとも大きな収入源は農民からの年貢米で、当時のルールでは、大名個人の懐に入るのはその6分の1だけでした。そうなると、17万～25万石くらいが彼の取り分でしょうか。

戦国時代の貨幣価値については、現代円に換算するといくら、という〝定説〟はありません。そこで今回は、米の値段をもとに考えてみます。

1石は、当時の成人男性一人が1年間に食べる米の量（約150キロ）を指しました。現在では1キロあたり500円ほどで米を買えますが、戦国時代は稲の品種改良も進んでいないので収穫量が少なく、1キロ500円というわけにはいかなそうです。便宜上、戦国時代の米を１キロ１０００円と仮定したところ、１石＝１５０キロの米＝15万円、１万石＝１５００トンの米＝15億円。つまり、信長は年貢米だけで**２５５億〜３７５億円**相当を稼いでいたことがわかります。

信長には、ほかにも大きな収入源がありました。彼が自身の直轄領に選んだ土地には、有名な金山・銀山が存在しています。産出量がはっきりとはしないものの、これも相当な利益をもたらしていたのは間違いありません。

安土城は日本史上初の天守閣を持つ城郭建築ですが、信長の居住スペースだった上層階は「**御座敷の内、皆金なり。そとがは、是**《こ》**れ又、金なり**」（太田牛一『信長公記』）……つまり〝黄金尽くし〟の型破りの内装が施され、世間の注目を浴びました。黄金趣味といえば秀吉をイメージしますが、秀吉は尊敬していた信長からそれを引き継いだのかもしれません。

信長には〝おもてなし好き〟という意外な一面がありました。安土城を訪れた客をもてなすため、うなるほどの金貨が詰まった蔵を見学させています。堺の豪商・津田宗及《つだそうぎゅう》も訪問の記録を残し、「**黄金一万枚ほど見申候**《みもうしそうろう》」と書いています。当時の黄金１枚、つまり大判金貨1枚は現代の貨幣価値で300万〜400万円。信長はこうした大判金貨を鋳造、貯蓄させており、「二万枚」とは、「途方もなく多い量」との意味でしょうが、単純計算でも天文学的な値打ちのシロモノだったといえるでしょう。

「本能寺の変」で主君・信長を討ち果たした明智光秀が安土城に急いだ理由も、信長の金蔵を誰かに占拠される前に自分の手中に収めようとしたからです。

信長を討ち取った後、明智は、京都の朝廷関係者や部下の武将たちに「大いに気前よく」大金を配りまくりました（ルイス・フロイス『日本史』）。その額、現代の貨幣価値にして一人につき**数億円**程度……。フロイスが数字を盛った可能性も否定できないものの、それほど巨額のバラマキを明智ができたのも、在りし日の信長の圧倒的な資金力のおかげです。

秀吉の〝年収〟

次に、秀吉について見ていきましょう。彼の直轄領は220万石といわれ、年貢米のうち秀吉の取り分は約37万石＝**年収555億円**。信長と同じく金山・銀山を有する土地を直轄領に選んだ点から、秀吉がいかに信長の支配のシステムを踏襲《とうしゅう》しようとしていたかがわかりますね。また、信長・秀吉の〝コメより黄金〟というモットーからは、〝戦が強い武将は経済にも強い〟と再確認できるようです。

秀吉が「黄金太閤《たいこう》」と呼ばれたのは、彼が幸運な時期を生きていたためでもあるでしょう。「秀吉の出世にともない、日本全国の野山に金銀が湧き出した」などの記録も残されていますから（太田牛一『太閤軍記』）。

これは嘘ではなく、実際に秀吉がもっとも豊かだったといえる最晩年の慶長3年（1598年）、秀吉の直轄領にある金山・銀山からは300万石相当の産出がありました。直轄領220万石に、この300万石がプラスされるわけです。この圧倒的な経済力が、黄金太閤・秀吉のカリスマ性の正体でした。

家康の〝年収〟

最後は家康について見ていきましょう。信長と秀吉の二人がこねた〝天下餅〟を食べた真の勝者・家康ですが、その資金力は信長や秀吉の比ではなかったようです。豊臣家を滅ぼし、その所領を吸収した後の家康の直轄領は400万石にも上りました。その年貢米からの取り分だけでも約67万石＝**年収1005億円**もあったのです。

彼の直轄領内には、豊臣家から没収した日本国内の有名金山・銀山も含まれています。残念ながら金銀の豊富な産出は、家康の孫で3代将軍・家光の時代あたりで途絶えてしまうのですが、家康の頃は違いました。

家康は、有り余る黄金を大量の金塊にして保管させていました。金塊は大判金貨2000枚を溶かした黄金を巨大な分胴の形にまとめたもので、1つあたり300キロ、現代の貨幣価値で**60億円**相当です。家康は「これらは戦争になった時の軍資金に用いなさい」と命令しており、江戸時代前期の江戸城内にはこの金塊が126個もあったといわれます。いわゆる「徳川埋蔵金伝説」につながる「大法馬金《だいほうまきん》」の逸話ですね。

しかしその後、将軍家の贅沢な生活が出した赤字の補填《ほてん》などに使われていったようで、幕末の慶応年間（1865－1868）には、金塊は残り1つだけになっていました。

おそらく、その最後の1つも幕府が瓦解するまでに使い込まれてしまったのではないか、と筆者は推測します。要するに、埋蔵金にできるほどのお金は幕末期の幕府には残されていなかったのではないでしょうか。幕府軍が明治新政府軍とまともに戦えず、滅びざるを得なかった理由のひとつは金欠かもしれません。

さて、存命時から家康は吝嗇家《りんしょくか》、はっきりいえば〝ドケチ〟として知られていました。家康の直轄領が広いのは、自分の大事な部下にもほとんど土地を分け与えることがなかったからです。秀吉も本当はケチでしたが、ここぞという時には大盤振る舞いを行い、臣下の気持ちをつなぎとめました。秀吉の治世では100万石を超える領地を与えられた者も珍しくはなかったのですが、江戸時代に領地が100万石を超えたのは加賀藩主の前田家だけでした。

家康がもっとも重用した4人の武将を「徳川四天王」といいますが、その中で「関ヶ原の戦い」以前に10万石以上の領地を家康から与えてもらったのは井伊直政、榊原康政、本多忠勝の3人だけ。江戸幕府が打ち立てられた後も、家康が〝身内〟に支払いを渋る傾向は続きました。外様である前田家の加賀藩には100万石を許した一方、譜代大名の筆頭とされた井伊家の彦根藩に割り振られたのは30万石だけでした。

いざという時の金遣いほど、その人物の内面を雄弁に語るものはありません。

幼少時代、人質になるべく今川家に連れられる最中に家臣に裏切られ、1000貫文（＝8000万円）で織田家に「売られた」とされる家康（『三河物語』）。こうした経験から、「身内にこそ、警戒しなくてはならない」と考えるようになった可能性があります。天下人になった後も、彼を苦しめたであろう孤独に思いを馳せてしまいますね。

希望年収3分の1……宮本武蔵の就活失敗伝説

定職に就きたかった武蔵

就職活動の結果は、現代においても人生を大きく左右するものです。

戦国時代末期から連戦連勝の剣豪として名をあげ、江戸時代初期には〝生きる伝説〟となっていた**宮本武蔵**。彼は生涯、「仕官《しかん》」(大名などに仕えること。現代風にいえば就職)をしない道を選んで生きたといわれます。しかし実際は、各地の殿様の剣術指南役の座をねらって〝就職活動〟を繰り返したものの、夢に破れ続ける日々を送っていたようです。つまり、武蔵は本心では定職に就くことを強く望みながらも、派遣社員もしくはフリーランスとして生きざるを得なかったのでした。

佐々木小次郎との「巌流島《がんりゅうじま》の決闘」、剣術家の吉岡家の門弟たち数百人を一人で相手にして打ち勝った「一乗寺下り松《いちじょうじさがりまつ》の決闘」など、武蔵にまつわる伝説は実に多彩ですが、本当にあった話かどうかはわかりません。また、仕官をしていない武蔵がどれくらいの収入の中で生計を立てていたのかも、よくわかってはいないのです。

武蔵は非常にプライドの高い人物であり、特殊な思考の持ち主でした。組織の中ではなかなか輝けないタイプのような気もします。

晩年の武蔵は、自らの思想をまとめた書物『五輪書《ごりんのしょ》』を著しました。それを読むと、〝兵法〟を極めることは、この世の理《ことわり》のすべてを把握するに等しい行為だと考えていたことがわかります。

武蔵いわく、「兵法の利（＝理）にまかせて、諸芸・諸能の道となせば、万事におゐて、我に師匠なし」……つまり、**「私がマスターしている兵法の理論に照らし合わせれば、すべての芸能・技能の類をこなすことなど容易い。全分野で私に師匠など必要ない」**という意味になります。大した自信ですね。晩年の武蔵は書や絵画の作品を残しましたが、これは「彼はアートにも興味があった剣豪だった」どころか、彼特有の〝兵法至上主義〟の証明であったと考えられるのです。

優秀なのに採用されない理由

さて、そんな一匹狼型の天才・武蔵が仕官の夢を叶える、つまり組織の一員になりたいと願ったところで、彼を受け入れ、活かすような組織は江戸時代初期の日本のどこにもありませんでした。

武蔵は各地を回り、道場を開いたとされますが、これは仕官のための足場作りであり、話題を聞いた当地の殿様から御城に招かれるのを待つための手段でした。武蔵は当初、江戸の徳川将軍家、次に名古屋の尾張徳川家に剣術指南役としての仕官を希望していたそうですが、すでに柳生家の面々がそのポストにおり、夢は叶いませんでした。

そもそも、武蔵は無位無官の浪人にすぎません。将軍家、もしくはそれに近い立場の殿様の側近くに仕える剣術指南役に立候補すること自体、当時の非常識であったという側面もあります。

尾張には、武蔵の就職活動の失敗を語る伝説が残されています。

武蔵は尾張藩主・徳川義直《よしなお》の御前に立った際、彼の家臣の男性のプライドをズタズタに引き裂くような圧勝ぶりを見せつけました。この時の武蔵の構えは、両手に刀を携える〝二刀流〟。武蔵の気迫は凄まじいものでした。家臣の男性はまるで蛇に睨まれた蛙のごとく、動くことさえできぬままに武蔵の刀を鼻先へ突きつけられ、勝負が決したそうです。

しかし、尾張藩の剣術指南役になる彼の夢は叶いませんでした。武蔵は**「無分別にて大兵法を遣ひ、損しぬ」**（＝弱い相手に、兵法の極意を使って圧勝するような勝ち方をしてしまったから、失敗した）と、悔やんだそうです（近松茂矩『昔咄』）。

ほかにも、1000石（江戸初期の1石＝約10万円なので、**1億円**）もの俸給を武蔵が強く希望したことに、義直が難色を示したともいわれます。ふらりと現れた人物が、1億円のギャランティをいきなり要求して譲らなかったら、どうでしょう？

たとえ彼が凄い能力を発揮していたとしても、自分に経済的な余裕があったとしても、心情的に「採用」とは言い難いのではないでしょうか。また尾張藩では、柳生利厳《としよし》が300石の俸給ですでに剣術指南役として雇われていました。

どんなに優秀でも、コミュニケーションが下手で、高すぎるプライドの持ち主は組織内のバランスを崩してしまいます。そういった人材は、今も昔も排除されてしまいがちなのかもしれません。

希望年収3分の1で妥協

武蔵の人生の転機は、数え年で57歳の時に訪れます。熊本藩主・細川忠利によって、「客分」として取り立ててもらえたのです。武蔵の待遇は300石。現代の3000万円に相当しますから、結構な高給でした。

武蔵にしてみれば当初の希望額の3分の1しかもらえなかったことになりますが、「仕官」ではなく「客分」という身分がミソでした。この場合、武蔵は殿の家臣ではなく〝お客様〟として振る舞えるのです。しかも家老以上にしか許されない、鷹狩をする権利も認めてもらえました。細川家が大いに武蔵を立ててくれたことがわかります。

しかし1年半後、細川忠利が亡くなった後は肩身が狭くなり、武蔵は結局、剣術より創作活動に埋没していったようです。今日、武蔵に多くの芸術作品や著作が残されている理由といえます。

高給取り集団・新選組。近藤勇、土方歳三の年収は？

幕末の京都を駆け抜けた新選組。結成されたのは文久3年（1863年）、もとは14代将軍・徳川家茂が江戸から京都へ上る際の警護を目的としていました。その役目を終えた後も、薩摩や長州の藩士など京都の反幕府勢力を次々と粛清。血なまぐさい武装集団として町人たちから忌み嫌われ、恐れられていました。

新選組の中心人物が、2代目局長の**近藤勇**と、副長の**土方歳三**です。結成当時、新選組隊士は数十名程度しかおらず、幕府の公認組織でもありません。よって、活動資金の大部分は、彼らに賛同してくれる商人たちからの融資で賄っていたと考えられます。融資という名目のもと、力ずくで金をもぎ取ったといえるかもしれませんが……。

新選組の月給は当時の水準としては高く、平隊士の月給でも3両程度はあったといわれています。1両＝現代の約1万円とする場合も多いのですが、労賃については1両＝10万円くらいに捉えたほうがよさそうです。さすがに月3万円では、高い給与水準だったといわれても「？」となってしまいますから……。

この「労賃レート」を用いると、**月給3両＝30万円**程度。当時の一般的な武士の月給は、この半額程度だったようです。

「池田屋事件」で月給3倍

新選組の羽振りが一番よかったのは、結成翌年の元治元年（1864年）頃でした。6月に起こった「池田屋事件」での活躍に対し、幕府や朝廷から多額の褒賞金が与えられたからです。

池田屋事件とは、京都の旅館・池田屋で密談中だった倒幕派の武士たちを新選組が襲撃、一挙に討ち取ってしまった事件のことです。近藤や土方といった幹部には300両、隊士たちには200両もの褒賞金・慰労金が、幕府や朝廷から与えられました。現代の貨幣価値で3000万と2000万にあたりますから、相当な収入です。

新選組の「組頭《くみがしら》」（＝中間管理職）だった永倉新八の証言によると、永倉のような組頭で30両。平隊士が10両、つまり役職ナシの隊士でも**月給100万円**が保証されていたらしいのです。この当時の局長・近藤勇は毎月50両（＝**月給500万円**）、副長の土方も40両

（＝**月給400万円**）の高給取りだったと知られています。

しかし、全盛期からわずか2年後の慶応2年（1866年）、おそらくはスポンサーの減少により、新選組の給与は確実に目減りしていました。組頭で10両（＝**100万円**）、平隊士で2両（＝**20万円**）という数字を記した資料が、新選組から出資を求められた豪商・三井家に残されています（『新選組金談一件』）。近藤や土方の給与については判然としないものの、おそらく組頭と同様、最盛期の3分の1程度になっていたのではないでしょうか。

ただ、収入と反比例するように、新選組への幕府からの評価は上がりつつありました。隊士たちの身分を正式な幕臣とすると決定されたのが、慶応3年（1867年）6月10日。給料は目減り気味でも、農民出身の近藤や土方にとって、「武士になる夢」が名実ともに叶ったのは喜びでした。

新選組の斜陽期

慶応4年（1868年）1月の「鳥羽・伏見の戦い」において、旧幕軍の総大将・徳川慶喜は味方を見限るような形で戦場を去り、わずかな供だけを連れ、江戸に逃げ戻ってしまいます。戦場に取り残された新選組の面々も1月10日、旧幕方の軍艦で江戸に帰還しますが、この時の隊士数はわずか40名ほどに減っていました。最盛期には200名を超えた新選組も、斜陽期を迎えていたのです。

一方、近藤・土方に対する江戸城上層部の評価は上昇するばかりでした。老中から、逃走兵が新政府側に寝返らないように甲府で管理しろ、という任務を課せられる代わりに、「成功の暁には、幕府の直轄地だった甲府100万石のうち半分を差しあげる。君を50万石の領地を持つ大名にしてあげよう（当時の50万石＝500億円）」などと持ちかけられたのです。

幕府は瓦解、徳川慶喜は将軍位を退き、謹慎生活を強いられていた当時、近藤にとっては暗闇に差し込んだ一筋の光明でした。50万石の大名とは、途方もない出世です。近藤勇は喜びのあまり、冷静さを失ってしまいました。

将来の大名らしく駕籠《かご》に揺られながら、近藤が江戸を出発したのが慶応4年（1868年）3月はじめのこと。土方の故郷にして、新選組の生まれ故郷ともいえる日野に立ち寄った近藤は、彼が昔、剣を教えた近所の若者たちに囲まれます。「先生、先生」とおだてられ、嬉しくなって飲めない酒をあおるなど、彼にとっては幸せな時間が過ぎていきました。

戊辰戦争の悲劇

しかし、新選組を待ち受けていた未来はあまりに過酷でした。新政府軍との実戦で、新選組は連敗を重ねます。近藤のもとからは、永倉新八らが「靖共隊《せいきょうたい》」を結成して離れ、土方もやがて去っていきました。土方が近藤を見限ってしまったのか、自分の限界を悟った近藤が、土方の足手まといとなることを恐れて別れを切り出したのか……両者が沈黙したまま亡くなったので、詳細は明らかではありません。

4月3日には千葉・流山で近藤の身柄は新政府軍に拘束され、同月25日、江戸のはずれにあたる板橋において斬首刑となってしまったのでした。

土方は旧幕軍と合流、のちに函館で戦死するまで戦い抜きました。いわゆる〝蝦夷共和国〟において土方の役職は「陸軍奉行並《りくぐんぶぎょうなみ》」、つまり陸軍の副司令官の重職にありました。しかし、慢性的に財政難で、蝦夷地の住民に重税を課して嫌われてしまっていた〝共和国〟からまともな支払いが受けられたとは思えません。土方という個人を見込んで、多額の活動資金を提供していた函館の佐野専左衛門など、豪商からの融資が彼の生命線だったと考えられるのです。

明治2年（1869年）2月28日には、市中の取り締まりを担当していた石井勇次郎という若者の働きを称え、土方が「金千疋《ひき》」（＝2両2分＝**約20万円**）の褒賞金をポンと与えた記録があります。土方自身が困窮していた可能性は低いと見られる一方、部下たちの給与の不足分を土方がポケットマネーで補っていたとしたら、彼自身の取り分はほとんどなかったでしょう。

この年の5月11日、新政府軍と交戦中だった土方は、流れ弾に当たって落馬、そのまま亡くなりました。しかし、土方の遺体の行方はその直後からわからなくなっています。これは、遺体と斬首された首が行方不明になっている近藤も同様です。さすがは親友同士、こんなところまで同じなのですね。

年俸1億2000万⁉ 裕福だった西郷隆盛

西郷隆盛といえば、出世や収入にこだわらなかった〝清貧の士〟のイメージが強いのではないでしょうか。たしかに、彼は次のような言葉を残しています。

「命もいらず、名もいらず、官位も金もいらぬ人は、仕末《しまつ》に困るもの也《なり》。この仕末に困る人ならでは、艱難《かんなん》を共にして国家の大業《たいぎょう》は成し得られぬなり」（西郷隆盛『西郷南洲翁遺訓』）。

――命も名声も、官位も財産もいらないという人は、取り扱いに困るものだ。しかし、誰かの思い通りに動かしにくい人でなければ、国家の大事業を成功させることはできない……などと意訳できるでしょうか。

また、明治維新後の西郷は政府の重鎮として仕事を始めていますが、「政府内の役人たちは、揃いも揃って金や権力に汚い」と激しく批判したこともありました。

ところが、その西郷は明治新政府において、最高水準の給与やボーナスを受け取っていたます。「西郷隆盛の年収は1億2000万円」と聞いたことがある方も多いのでは？

この数字にも根拠はあるのです。明治5年（1872年）に陸軍大将になった西郷の月給は500円。当時の1円＝現代の1万～2万円とされるため、多く見積もれば**月給1000万円**、賞与など抜きでも**年収1億2000万円**だったといえるのです。本書では基本的に明治時代の1円＝現代の1万円として計算していますが、その場合でも年収6000万円。西郷は高給を得ながら、ほかの役人の贅沢な暮らしぶりを批判していたのでした。

西郷の不遇時代

西郷は晩年になるまで、待遇面・金銭面で大きな浮き沈みを経験し続けました。
西郷が薩摩藩の貧しい下級藩士の家に生まれ育ったことは有名です。薩摩藩から与えられていた田畑47石分は借金のカタとして失ってしまっており、一家の年収はなんと4石。1石＝1両＝1万円とする通常レートだと年収4万円、1石＝10万円の労賃レートでも**年収40万円**……。

幕末の日本において、幕府の目を盗みながら琉球との貿易を行っていた薩摩藩は異例なほど裕福でした。藩士たちには耕せば米が作れる田畑を与え、さらに藩の仕事への給与も支払っていたのです。しかし、西郷家は生活資金が足りなくなって借金を重ね、収入を得る手段である田畑を失っていました。

こうなると、薩摩藩から与えられた家屋敷の庭を畑にして作物を作り、家族・使用人総出で働き、自給自足の生活で食いつなぐほかはありません。西郷が最初の就職をしたのが18歳の頃。年貢などを計算する「郡方書役助《こおりかたかきやくたすけ》」（＝郡奉行の下役）になったのですが、この時の俸給が41石。労賃レートで換算すると**年収410万円**、家族が多かった西郷家には厳しい金額です。

嘉永5年（1852年）、24歳の西郷は、20歳の伊集院須賀《いじゅういんすが》と結婚します。両者ともども、当時の平均初婚年齢を5年ほど上回る結婚でした。西郷の結婚が遅れた理由は貧しさが原因でしょう。

須賀は西郷家での生活にかなり苦労しました。ある時、西郷は薩摩藩主・島津斉彬《なりあきら》に才能を見いだされ、出世の糸口を掴《つか》みます。しかし、その島津の殿様が江戸に行くからといって「随行役」に抜擢された時の西郷は、お役目にふさわしい衣服などを整える「支度金30両」の調達にすら困る状態でした。

この時は、なんとか金策に成功しますが、妻にあまりに貧しい生活をさせていることを義実家から見咎められ、須賀とは離縁させられることになりました。のちに西郷は、「この離別が人生でもっとも悲しい出来事だった」と話しています。

政府から2億の不労所得オファー

明治時代に入ってから、西郷隆盛の地位と年収は大きく上昇しました。しかし西郷は何か気に障るたび、それらの仕事をすぐに辞めてしまっているのです。

それまでの不遇時代が長かったことや、体調不良などの問題があったことは認めます。しかし新政府内での仕事を断り、鹿児島の田舎に引っ込んでしまった西郷を引き止めるべく、政府が「永世賞典禄《えいせいしょうてんろく》」を与えたのには呆れてしまいます。これは政府の仕事を何もしなくても２０００石（**＝2億円**）が毎年与えられ、その権利が子孫にも継承されるシロモノでした。

しかし、そこまで譲歩されても西郷は政府の仕事を断り、東京を去ってしまいます。そして故郷である鹿児島郊外の武村に、本人の漢詩から引用すると「千金抛《なげう》ち去って林泉を買う」……つまり、大金をはたいて、自然豊かな閑静な土地を買ったのでした。それが買えるだけの多額の現金を恩典として与えられていたからですね。
「仕事を手伝ってほしい」という新政府からの要請を断りきれなくなると、明治4年（1871年）に上京し、当時の日本を代表する大都会・日本橋のはずれの人形町に約2600坪もの敷地の屋敷をポンと購入、そこで暮らすようになります。例の、超高額給与の陸軍大将に就任する直前です。家族のほかに書生15人、下男7人が暮らし、猟犬が数頭飼われている大豪邸でした。

西郷家の〝質素な生活〟

東京への引っ越しの約1年前にあたる明治3年（1870年）、まだ鹿児島にいた西郷は、政府から派遣されてきた岩倉具視《ともみ》たちに「改革案」を手渡しました。その中では**「政府の中枢に位置する要路の者は驕奢《きょうしゃ》（＝贅沢）な生活を止め、質朴の風を守るべきである」**と西郷本人が言っているのですが……。彼にとって〝質素な生活〟は、われわれが考える〝豪邸暮らし〟にあたるようです。

西郷家の屋敷内でどれほど華麗な生活が行われていたか、具体的な情報は残念ながらありません。ただ、それをうかがい知ることはできます。

西郷の次男・寅太郎とその妻・信子が、夫婦で暮らした牛込《うしごめ》区（現在の新宿区）の豪邸を売りはらった時の状況が興味深いのです。西郷の2人目の妻・糸子は当時53歳で、寅太郎夫婦と同居していました。しかし、信子の荒い金遣いを、糸子は咎めなかったようですね。いくら糸子が評判通りの控えめな人柄だったとしても、家を売らざるを得なくなるほどの浪費を止めないのは不干渉すぎるのではないでしょうか。

これはすなわち糸子が、信子の浪費を仕方ないと受け止めていたことを意味します。人形町のお屋敷で暮らしていた頃の西郷が、家族に**「体面維持のため、1カ月に100円（＝100万円）は使いなさい」**と命じた噂の真実味も増しますね。

明治以降の西郷隆盛を〝清貧の士〟と呼べるのは、金遣いがさらに荒かった新政府の役人たちと比べた場合だけ。貧しい時代が長かった反動かもしれませんが、一般的には〝贅沢好き〟というしかない生活を、西郷は家族ともども送っていたと推定されるのです。

上野公園の西郷隆盛像へのクレーム

勝海舟が徳富蘇峰《とくとみそほう》に語ったところによると、西郷の印象は、「其の容貌、態度は実に立派なもので、押し出しもよく、著物《きもの》などもちゃんと著て（略）まるで大藩の御家老と云うような感じ」（『西郷隆盛全集』6巻）。

衣服などに対する西郷の目が肥えたのは、ある仕事を通じてのことです。島津斉彬の養女・篤姫《あつひめ》が第13代将軍の徳川家定に嫁ぐ際、西郷は婚礼道具などの用意を担当しました。超一流品を間近に見て、西郷の審美眼は磨かれたのだといわれます。

若い頃の西郷は、自分の容姿に強い自信と愛着を持っていました。中年以降は著しく肥満してしまいましたが、かつては長身痩躯《ちょうしんそうく》だった西郷が、美しい衣服に強いこだわりを持ったとしても不思議ではありません。

明治31年（1898年）12月18日、上野公園の西郷隆盛の銅像の除幕式が行われました。糸子は銅像を見たとたん、「やどんしは、こげな人じゃなかったこてえ、浴衣で散歩はしもさんど（＝私の主人はこんな風体ではない。浴衣で散歩なんかしなかった）」と不満を述べ、式典の最中から西郷の弟・従道《つぐみち》に何度も「銅像は似ていない」と言って憚《はばか》らなかった……

そんな逸話もあります。

すでに西郷は「西南戦争」で戦死していたのですが、未亡人の糸子の主張をまとめると、「亡き夫はその高い地位にふさわしい威厳のある服装をいつもしていた」となるでしょう。

ただ、当時の新聞記事からは、糸子はおろか、そもそも西郷家からの出席者がいたのかさえわからず、この逸話の出どころも判然としていないのだそうです。

とはいえ、西郷の長男である菊次郎（奄美大島時代、西郷の〝内縁の妻〟だった愛加那《あいかな》が生んだ二人の男子のうちの一人）が**「父の銅像になぜあんな姿《なり》をさせたのか、私は相談を受けていませんから分かりません」**と否定的な発言をした記録は残っています。「本当の西郷隆盛は、上野の銅像のようにラフな格好で外を出歩くような人ではなかった」という、当時の西郷家の不満は感じ取ることができるでしょう。

上野公園の西郷隆盛像

“愛人手当”で食いつないでいた樋口一葉

のです。

「明治維新」は武士たちにとっては恐るべき審判の時でした。幕府側につくか、新政府側につくか……その判断次第で、功名をあげる者と没落する者とに運命は分かれてしまったのです。

一葉を翻弄した運命

明治時代の女流作家・**樋口一葉**の実家も、徳川将軍に仕える御家人の家系です。幕末に駆け落ちで江戸に出てきた元・農民が成り上がったにすぎないものでしたが、直参《じきさん》の武士ではありました。しかし維新後の樋口家は新政府に鞍替えし、有利に生きる道を選びます。

一葉の父である樋口則義は、警視局（現在の警視庁）の役人として高い給料を受け取っていました。当時の公務員はアルバイトも自由だったので、金貸しや不動産業も営み、一葉の兄の泉太朗とともにかなりの額を稼いでいたようです。

ところが一家に相次いだ不幸が、一葉の運命を変えてしまいます。明治20年（1887

年）に兄の泉太朗、その2年後には父の則義が亡くなったのです。一葉は18歳の若さで樋口家の世帯主となり、急激に傾いた家運に抗って、母や妹たち家族を養わねばならなくなりました。

半井、久佐賀からの手当

一葉の本名は「なつ」。一葉とは、1枚の葦《あし》の葉の舟に乗って中国へ渡り、のちに手足を失った達磨大師の逸話にかけたもので、一葉＝お足がない＝お金がない、との意味だそうです。この名を授けてくれたのが、一葉にとっては運命の恋人であり、文学の師匠でもあった**半井桃水**《なからいとうすい》という男性でした。

半井は当時、文学に力を入れていた東京朝日新聞社の記者で、高給取りのエリートです。明治24年（1891年）、半井の自宅に押しかけた一葉は、背が高く、色白で筋骨たくましい彼の姿に強い好意を抱きます。

半井からは職業作家になる夢を反対されますが、当時していた縫い物だけでは母や妹たちを養えない、作家という（人気が出れば女性でも男性並みに稼ぐことができる）仕事に私は就きたいのだと一葉は言い切り、彼の弟子となったのでした。

才能はあっても作品にうまく反映できない一葉に、半井は経済的な援助をするようになります。半井の遺族によれば、それは毎月15円でした。当時の1円＝現代の1万円程度ですから、換算すると**毎月15万円**……いや、これはただの援助ではない、愛人手当だと見る研究者もいます。

当時も「あの二人は怪しい」などと囁かれることがありましたが、一葉自身はその噂を全否定しています。半井は寡夫《やもめ》でしたが、内縁の芸者妻がすでにいました。そもそも半井家と樋口家では身分も財力も異なり、一葉が希望する正式な結婚は見込めなかったでしょう。半井との親密な関係は約1年間しか続かず、噂になった時点で彼とは絶交してしまうほどの激烈な反応も見せる一葉でした。

しかし、その後も秘密裏に密会などしていたようですね。半井はのちに手記を発表し「自分は彼女の理想化された恋の一材料」などと淡々としたコメントをしているばかりですが。

一方、一葉の新たなパトロンとなる人物も現れます。占い師・相場師として財産を成していた**久佐賀義孝**《くさがよしたか》です。

「相場師の私塾を開くから生徒募集」などと謳《うた》った新聞広告を見て、一葉は久佐賀のもとを訪れました。しかし、誕生日占いで「あなたには金運がない」と宣言され、「私の愛人になればお金はあげよう」と持ちかけられると激怒したそうです。一葉は「処女の貞操を汚そうとした」と久佐賀の悪口を日記に書く一方、愛人になってもいないのに毎月15円（＝**15万円**）を1年ほどの間、もらい続けることも忘れませんでした。

この当時、樋口家の毎月の生活費は7円。作家としての一葉はまだまだ発展途上で、吉原遊郭の近くに雑貨店を開いたものの、商才がなく稼げませんでした。しかし、男性たちからの〝お手当〟だけで一家の生活は営めたし、貯金もできた計算になります。

『たけくらべ』『にごりえ』などの代表作は、最晩年の約1年の間に一気に書きあげたものでした。色街に生まれ育ち、そこで仕事をするようになっていく女性の悲しみを描けるようになった一葉の筆致には、独特の陰影と魅力があります。

この時、集中して机に向かえたのも、長らく避けてきた大人っぽいテーマの小説を仕上げられたのも、半井や久佐賀との〝交流〟から学び、そして彼らからの〝お手当〟の一部を貯金していたからかもしれません。〝愛人業〟の末に大成した……おそらくそれが事実なのでしょうが、彼女自身はそれを公には認めませんでした。明治29年（1896年）11月、一葉は肺結核により、24歳の若さでこの世をひっそりと去っています。

物悲しい作風と、写真に残るさみしげな面立ちゆえに、日本の近代文学研究者たちの〝アイドル〟だった樋口一葉。

思えば、一葉は2004年に5000円札の〝顔〟に選ばれていました。一葉の前の新渡戸稲造のほうが、いまだに5000円札のイメージが強い気もして、ほかの偉人に比べると影が薄いようにも感じます。お札の顔になったことは、彼女の知名度の押し上げに多少でも貢献したのでしょうか？

大富豪・渋沢栄一の年収変遷

紙幣の〝顔〟に落選し続けた理由

令和6年（2024年）、日本の紙幣のデザインが約20年ぶりに刷新《さっしん》されることになりました。新1万円札の〝顔〟に選ばれたのは**渋沢栄一**。500以上もの起業に携わり、実業界を引退した後は600以上の福祉・教育事業に全力投球していた、凄まじいバイタリティの持ち主です。

渋沢は、**「企業が利益を追求するのは自然なことだが、お金儲けのベースには、常に道徳心がなくてはいけない」**とする「道徳経済合一説」を唱えていました。「会社経営の醍醐味は多くの金や権力を独り占めできる点にある！」と言って憚らなかった岩崎弥太郎など、明治時代の一般的な大富豪とは一線を画する立ち位置にいたといえます。

そういう意味では1万円札の〝顔〟にふさわしい人物なのですが、これまで何回も候補になっては落選するのを繰り返していました。

理由としては、ヒゲがほとんど生えない体質の渋沢の顔面はあまりにツルツルとしていて、従来の印刷技術では偽札が作りやすいと危惧されたから、などと語られています。しかし本当のところは、その生涯の大部分で華やかな女性関係を持ったことが響いていたのではないか、と筆者は考えてしまいます。

渋沢が認知した最後の子は、彼が68歳の時に生まれています。当時の平均寿命は今より短いので、現代の年齢感覚だと80歳手前でしょうか。認知しなかった子を含めると100人ほど子どもがいた……という〝伝説〟の持ち主でもあります。

自分の事業の後継者を身内に限らなかったのが渋沢の特色だとよくいわれますが、その中にはなんらかの理由があって認知できなかった子も含まれていたとか、いないとか。生前に出版された公式伝記といえる『青淵回顧録《せいえんかいころく》』に、彼は非嫡出子《ひちゃくしゅっし》の名前も堂々と記させています。子どもたちを平等に扱い、世間に対しても平然としていた渋沢は、破格の器の持ち主でもありました。

渋沢栄一の年収

渋沢の年収は年齢を重ねるごとに増大していきました。もともと武蔵国の血《ち》洗島村《あらいじまむら》（現在の埼玉県深谷市）に生まれた豪農出身の渋沢ですが、コミュニケーション力の高さと経営センスを買われて一橋家に仕官することになります。そうして武士に〝転職〟し、京都勤めとなった頃からは金運も開けていきます。

当初は、最低ランクの「奥口番《おくぐちばん》」の仕事で、年収が「4石2人扶持」（約7石）。1石＝1両＝10万円とする幕末の労賃レートで計算すると、**年収70万円**。厳しい数字ですが、これに加えて、物価の高い京都で暮らしていくための滞在手当が毎月「4両1分」（＝**約40万円**）もらえました。武士としてはさほど高給とはいえないまでも、それなりに稼げるようになった実感はあったと思われます。元治元年（１８６４年）の話でした。

勤務開始から2カ月後にはもう「奥口番」から「御徒士《おかち》」に昇進が決まり、基本給が「8石2人扶持」（＝約11石＝**約１１０万円**）、京都滞在手当が毎月「6両」（＝**60万円**）に上がります。基本給の数字は相変わらず低めで、京都滞在手当で食いつないだようですね。

渋沢の出世は続き、そのたびに待遇もジワジワと上がっていきます。徳川慶喜の弟・昭武《あきたけ》に随行する形でパリに留学した渋沢ですが、帰国後は紆余曲折あって明治政府での仕事に就いています。明治2年（１８６９年）に大蔵省租税司正として勤務開始した時には、月給が１３３円でした。当時の1円は現代の貨幣価値で約４０００円に相当するので、月給

53万円あまり。ボーナスなどを考えなくても、**年収640万円**ほどになっています。

明治6年には大蔵省を早くも辞めて、渋沢は民間の経済人・実業家として活動することになります。そして何百という起業を成功させた後の明治20年（1887年）の所得は9万7316円。現代の価値に換算すると**約3億8900万円**だったそうです。収入から各種経費を差し引いた数字を所得と呼ぶので、実際はもっと稼いでいたわけですね。

87歳になった昭和2年（1927年）も、所得は35万6000円。昭和初期の1円＝現代の636円とすれば、**約2・2億円**です（当時の1円＝2000円の説もあり、そちらを採用すれば7億円以上……）。それは昼夜を問わず、生涯現役であり続けた彼の人生が生み出した巨額の価値だったといえるでしょう。

新札メンバー・北里柴三郎&津田梅子の金銭事情

令和6年（2024年）から刷新される新1000円札の肖像は、医学研究者の野口英世から、日本の医療水準を大きく上げ、北里研究所などを設立した医師の**北里柴三郎**に。そして新5000円札は、文学者の樋口一葉から、女子高等教育の実現に心血を注いだ**津田梅子**の肖像に変わります。

二人とも明治期の日本で偉業を成しましたが、そのキャリアと稼ぎ方からは、興味深い素顔が見えてきます。

福沢諭吉に救われた北里柴三郎

明治16年（1883年）、北里柴三郎は東京大学医学部を卒業、内務省衛生局（厚生労働省の前身）に就職しています。この時の月給は70円。当時の1円＝現代の1万円とすれば**月給70万円**、ほかにもボーナスなどがありました。高給取りに見えますが、当時のエリート医師としてはこれでも〝相場以下〟だったそうですよ。

明治中期の日本、とくに地方では、最先端の西洋医学の教育を受けた医師が不足していました。新卒でも地方に行けば、いきなり月給200円（＝現代の200万円）の病院長になれるケースもあったようです。しかし、研究熱心な北里は高い収入より、設備のよい東京の衛生局でコレラの研究を続けることを重視したのです。

のちに北里はドイツに医学留学し、細菌学の権威であるコッホ博士の薫陶《くんとう》を受けました。破傷風の療法を開発するなどの業績もあげて帰国、衛生局に復帰しますが、北里を妬んだ先輩や同僚たちから冷遇される日々が続きました。

帰国後は半年も放置されたあげく、やっと下った辞令では、月給は10円昇給しただけの80円と告げられました（同世代の後藤新平が衛生局長に就任し、月給として200円強をもらっていた時期の話）。

そこに救いの手を差しのべたのが、『学問のすゝめ』の成功で大富豪になっていた福沢諭吉です。彼は北里と出会う前、慶應義塾大学に医学部創設を試みるも失敗していました。ゆえに北里が行っていた研究の重要性を即座に理解し、援助を開始してくれたのです。

のちに北里が所長となる「伝染病研究所」の30坪ほどの建物と、その隣に北里が暮らせる40坪ほどの住居が福沢のポケットマネーで建てられました。研究所で使う医療専門機器については、福沢が紹介してくれた企業家・森村市左衛門《もりむらいちざえもん》の寄付で賄えたそうです。

研究経費は、「大日本私立衛生会」が北里に業務委託するという名目で、年間3600円が支給されるようになりました。現代でいう**3600万円**相当、医学の研究費としては大きな額ではないかもしれませんが、この研究経費の一部を北里は自身の俸給に回しながら生活したのだと思われます。

「伝染病研究所」や、北里が始めた医療事業は大きな成功を収め、30万円（=**30億円**）もの利益を生みました。福沢が送り込んだ慶應義塾出身の田端重晟《たばたしげあき》が、研究所の支配人として北里の活動をサポートしてくれたそうです。この30万円で、北里は新たに「北里研究所」を作ることができました。

福沢の恩を、北里はずっと忘れませんでした。大正5年（1916年）、大日本医師会（のちの日本医師会）会長に就任した北里は、その職務の合間を縫って慶應義塾大学医学部の教壇に立ちます。学生たちへの指導を無給で行った逸話は有名ですね。

大正6年（1917年）以降は貴族院議員の一員となり、この時の議員給は月給2000円。当時の1円＝1000円とすれば、**月給200万円**です。大正13年（1924年）には男爵の位を天皇からいただくなど、絵に描いたような成功を収めています。

晩年にあたる昭和2年（1927年）、彼の所得は6万3000円。現代の**1億2600万円**ほどだったそうです。若き日には苦労したこともあったものの、後年の北里は経済的にかなり豊かな人生を送りました。

女子教育のため、給与半額の道を選んだ津田梅子

さて、津田梅子はどうでしょうか。明治4年（1871年）、わずか7歳でアメリカに渡った津田は、当地の私立女子大・ブリンマー大学にて「ラテン語・数学・物理学・天文学・フランス語」で「抜群の成績」を示したのちに卒業（山崎孝子『津田梅子』）。明治15年（1882年）に日本へ帰国します。

アメリカ人女性の中で育った津田は、日本人女性に失望を隠せませんでした。出身階級を問わず、男性の従属物としてしか自身を意識できず、それを疑問にも思わない彼女たちのあり方に彼女は大きな問題を感じたのです。そうして津田は、日本にも自立した女性を

育てる、近代的な女子教育を根付かせたいという志を抱くのでした。

当時の日本には、新しいことはなんでも〝上〟からスタートする文化がありました。津田の職場は、皇族や華族といった上流階級の女生徒が学ぶ「華族女学校」に決まり、彼女は年収500円（＝**500万円**）で英語教師として働くようになります（ちなみに明治時代、一般的な小学校教員の初年度の年収は200円＝現代の200万円弱）。

明治32年（1899年）以降、津田の年収は800円（＝**800万円**）にまで上がり、ほかの女子校の教授職も兼任していました。しかし、「良家の殿方との結婚がすべて」と考えがちなお嬢様たちから強い学習意欲を感じられない津田は、厚遇されながらも物足りない教師生活を送ります。

本当に学ぶ意欲のある女性のための高等教育機関を作りたい……そんな長年の夢を叶えるため、津田は華族女学校などを辞職し、明治33年（1900年）、「女子英学塾」（のちの津田義塾大学）を設立するのでした。

ちなみに学生が支払うべき授業料は1カ月2円、寮代が年額2円50銭、食費が毎月6円程度でした。1カ月8円あまりの学費は、かなりの上流階級向けの印象があります。

現代日本では、家庭全体の教育費を総収入の5〜10％に抑えるのが〝理想〟とされるようです。しかし、この水準で考えると、女子英学塾に娘を通わせるには、父親が国会議員だったとしても「やや厳しい」といえるほどに学費は高額でした。明治22年の記録で、日本の国会議員の月俸は67円です。女子英学塾が開校した明治30年代、大卒のエリート男性の初任給が銀行員35円、上級公務員50円。生徒が集まらず、学校経営が長い間、厳しかったのはある意味当然かもしれません。

津田は英語教師として女子英学塾で働きましたが、学校からは給料を受け取らず、空いた時間に大富豪・岩崎家などの家庭教師をして生計を立て、なんとか学校経営を続けていきます。

経営が安定し、津田が学校からの給金を受け取れるようになったのは、女子英学塾に専門学校の認可が下りた明治36年（1903年）以降のこと。しかしこの時でも彼女の年収は300円（＝**300万円**）で、「華族女学校」時代の半額にも満たないものだったそうです。

このように津田は〝滅私奉公型〟でしたが、彼女の家族、親戚などには富裕な人々が多

新5000円札、新1000円札の見本
©共同通信社／アマナイメージズ

かったようです。晩年の津田が病気になった時には、「療養用」として土地・建物代が合計1万5600円（＝**約1億5600万円！**）もする豪邸が新築されます。しかも、場所は高級住宅街として知られる品川の御殿山《ごてんやま》。また、鎌倉などにも別荘がありました。

　理解ある裕福な人々に囲まれていた津田は、本人の収入が比較的限定されていても、豊かな暮らしができていたのかもしれません。

「働きたくないから病気させてくれ！」ダメ人間のプロ・石川啄木

「はたらけど　はたらけど猶《なほ》　わが生活　楽にならざり　ぢっと手を見る」

こんな歌を残しているせいで、「ワーキングプアの元祖」などと称される明治の歌人・**石川啄木**。困窮の中、数え年27歳で結核死を遂げたのは、たしかに悲惨な人生です。しかし啄木が貧しいのは仕事がないからではなく、それなりの給料の職場にいたのに、まともに働こうとしなかったがゆえ、という事実は案外知られていません。

啄木は、1メートル以上の長さの「借金が返せない言い訳」を書き連ねた手紙を送りつけたことまであります。明治39年（1906年）、啄木が20歳だった時の話で、宛て先は米屋の太田駒吉さん。この手紙は「**一言も言い訳できません**」と始まり、1メートル33センチの長さに言い訳が連なったのち、最後は「**借金は返せません**」という結論でした。生産性ゼロ……ダメ人間は言い訳ばかり……これは今も昔も変わりません。若くしてすでに啄木が〝ダメ人間のプロ〟であり、借金で食いつないでいたと推察されます。

「いや、啄木には借金を返済する意思はあったのだ」とする研究者もいます。明治37年（1904年）からの5年間、啄木は詳細な借金メモを残しているためです。それによると、少なくとも全63人から総額1372円50銭を彼が借りていたことがわかります。当時の1円＝現代の1万円として換算すると、借金総額は**1373万円弱！**

1年あたりの借金は現代の300万円弱に相当し、人並みに暮らすのには十分な金額です。人から借りた金で生計を立て、たまに会社に顔を出して得たサラリーで遊興費を賄う暮らしをしていた疑惑が拭えません。

それなりの給料を得るも……

明治41年（1908年）は、啄木にとっては一大転機の年でした。釧路新聞社を辞め、北海道に残した家族の世話を知人に押しつけ、東京朝日新聞社の校正係の職を得た啄木は、東京に羽ばたいていったのです。本人いわく**「小生の文学的運命を小気味よく試験する心算に候」**だったそうですが、無責任極まりない……。

朝日新聞社で校正係になった啄木の待遇は、基本給が25円。さらに月5日以上の夜勤日があり、一晩あたり1円の手当がつきました。総計30円（＝**30万円**）以上です。休むと給料が入ってこない契約ですが、現代人の目にはさほど悪い数字には思えません。実際、早稲田大学を首席で卒業した人物……たとえば谷崎潤一郎の弟・精二などの初任給に並ぶ待遇だったそうです。

啄木はカンニングが見つかって中学を中退しているので、学歴はありません。しかし、月給30円は「東海の　小島の磯の　白砂に　われ泣きぬれて　蟹とたはむる」などセンチメンタルな作風の歌人として知られつつあった啄木の評価が上乗せされた数字といえました。同時期に朝日新聞社で厚遇を受けていた夏目漱石の月給200円（≒現代の200万円）に比べるとかなり低いですが、専属ではないので、啄木の長年の夢・小説家としての大成に向けて挑戦も続けられる良い条件だったと思われます。

明治41年11月1日〜12月30日の東京毎日新聞に短期連載した『鳥影』という小説では、1回あたり2000文字弱で1円（≒1万円）の原稿料をもらいます。全59回だったので、啄木が儲けた額は59円（≒59万円）ほど。しかし「執筆に苦労するわりには儲からない」と啄木は不満でした。

新聞社の仕事も不満、小説のギャラにも不満な啄木はすぐにやる気を失い、仕事をしなくなります。啄木には「耐える才能」がなかったのです。

「もし新聞社に真面目に通っていたら」という仮定の話になりますが、新聞小説『鳥影』のほかに「買い叩かれた」何作品かの小説の原稿料も入れれば、明治41年、東京1年目の啄木の年収は最低でも450円（＝450万円）近くはあったでしょう。裕福とはいえませんが、それなりに暮らせたはずなのに、そうはなりませんでした。

翌年も似たようなものです。明治42年（1909年）4月10日の『ローマ字日記』には、**「神よ、わたしの願いは　これだけだ、どうか、からだを　どこか　少しこわしてくれ（略）病気さしてくれ！」**と、ダメ人間の魂の叫びが記されています（原文はローマ字。啄木は「妻に見つかるとやばい内容しかない」との理由で、自身の心情をローマ字で吐露した）。

新聞社の仕事がイヤなので休みたい。だから神様少しだけ身体を壊してください、軽い病気にさせてください……という啄木の脳裏からは、とうの昔に1373万円弱の借金の存在は消え去っていたのでしょう。

日本でもっとも稼いでいた男・藤原道長

「この世をば　わが世とぞ思ふ　望月の　欠けたることも　なしと思へば」

これは平安時代の最高権力者・**藤原道長**が、三女・威子《いし》を後一条天皇の后《きさき》にした時の宴《うたげ》の席で詠んだとされる有名な歌です。意訳すれば、「この世界は自分のものだと感じる。空の満月のように、私は満ち足りている」。道長の、得意満面の様子が思い浮かんでくるかのようですね。

当時の貴族社会では、自分の娘を天皇の后にすることで、権力も財力もすべてわがものにできました。しかも娘を天皇の后にしたのは、威子の結婚で3人目。この世の栄華を独占したかのような道長の年収は、いかほどだったのでしょうか？

税金のかからない荘園収入で年収数百億

平安時代の貴族の収入は、内訳が非常に複雑です。大ざっぱに説明すると、朝廷での官位に与えられる「位給」、朝廷での役職に対する「職給」の2つが大きな柱となります。その双方に農業収入が期待できる田地や、それを耕すための鍬《くわ》などの道具、各種の布などが現物支給として含まれるのです。

〝望月の歌〟が詠まれた前年の寛仁元年（1017年）12月、道長は息子の頼通に「摂《せっ》政《しょう》」（＝幼少の天皇に代わって政治を摂る職）の位を譲り、臣下としては最高の身分である太政大臣の座についています。朝廷での官位は従一位となりました。これが彼の人生の最高地点で、この時の給与は現代の**3億7455万円**相当（鎌田和宏監修『教科書に出てくる歴史人物・文化遺産　3』、奈良国立文化財研究所資料より）。資料によっては**約4億〜5億円**と換算するケースもありますね。

さすがは平安時代の最高権力者……と思っていてはいけません。藤原道長の財政面における本当の栄華ぶりは、こんなものではなかったのですから。

実際のところ、先ほどの「位給」「職給」といった貴族の給料の支払い主は国です。ところが当時、「日本中の土地は国＝天皇のもの」とする古代日本以来の律令体制は崩壊寸前で、国家の税収は不安定でした。以前ならばしっかり支払われていたのでしょうが、藤原道長の時代にはすでに貴族＝上級国家公務員への支払いは滞っていたようです。

その代わり、貴族たちに与えられたのが荘園です。ある土地を私有し、そこを使用人に耕させ、作物から農業収入を得る。国家公務員でありながら、国から給料を得るのではなく、農業収入が期待できる土地（荘園）の私有権が与えられ、そこからの利益を自由にいただく……というのが道長の生きた平安時代後期の貴族の〝稼ぎ方〟なのでした。

そして道長のような権力者の荘園には、「不輸不入の権」（荘園の儲けに税金を課されない権利・関係者は立入禁止にする権利）が与えられていたので、道長はほとんど税金など支払っていません。そして道長の歓心を買おうと、さまざまな人々が自分の荘園の一部を彼に寄進していました。

残念ながら、道長の抱えていたすべての荘園の規模や儲けについての記録は残されてはいませんが、日本全国から莫大な利益が彼の懐に転がり込んでいたことだけは間違いがないのです。当時の日本でもっとも稼いでいた男、それが藤原道長でした。本来ならば数億円規模どころか、その何十倍、何百倍の年収があったはずです。

3億円の土地でクジャクを放し飼い

そんな道長が住んでいたお屋敷には一体、どれだけの価値があったのでしょうか。

道長の数ある邸宅の中でも代表格とされるのが「土御門殿《つちみかどどの》」と呼ばれる大邸宅です。道長が源倫子と結婚した際、彼女の実家から引き継いだそうで（土地は道長の名義ではなかったとの説も）、現物収入と呼びうるシロモノでした。

御所の上東門につながる土御門大路に面したこの土御門殿は、道長が所有する邸宅の中でも一番のお気に入りで、最終的に「南北二町」にまで拡大しました。約2880平方メートルもの敷地を誇り、当時の地価を現代の貨幣価値に換算すると、単純計算で**3億2000万円**ほど。

そう聞くと、「あれ？」と思う方もいるでしょう。最高権力者のお屋敷にしては〝お手頃価格〟のように感じるかもしれませんから。

11世紀の京の都の不動産価格は、現代日本の京都の20分の1程度でした。もし、それだけの土地を現在の京都で買おうとするなら、**60億円**以上になるとか。この土地に、道長は何十億円規模の建設費を投じて、巨大な邸宅を築きあげました。現代に同じものを建てようとすれば、**100億円**でもおかしくない価値の邸宅に道長は住んでいたのです。

長和5年（1016年）には建物が火事で全焼する不幸があったものの、屋敷は難なく新築されました。

広大な庭に、道長はクジャクを放し飼いにして楽しんだそうです。朝廷関係者だけでなく、日本中の有力者たちが道長の歓心を買おうと押し寄せ、邸宅を飾るにふさわしい調度品や衣類をプレゼントしたという話もあります。やはりケタ違いの豊かさを藤原道長が享受できていたことは間違いなく、そんな人物だったからこそ「この世はわが世」だと言ってしまえたのだと思わされます。

朝日新聞の社長より高給待遇だった夏目漱石

明治期を代表する文豪・**夏目漱石**は、かなりの金運の持ち主でした。彼は権力や金力による支配を嫌い、「金持ちが嫌い」と公言していたにもかかわらず、本人が大金持ちだったというあたりに、いくばくかの皮肉を感じてしまいますが……。

校長よりも好待遇だった教員時代

40歳で専業作家になるまでの漱石は、教師として生計を立てていました。帝国大学（現在の東京大学）卒のエリートであったからか、新人教師の時点でもかなりの厚遇を受けています。

約2年間の東京高等師範学校の嘱託《しょくたく》教師を経て、漱石は明治28年（1895年）、愛媛県松山中学の教員になります。この時の月給は、校長が60円、漱石が80円でした。翌年には早くも熊本県の第五高等学校教授に転任、この時の月給は100円。当時の1円＝現代の1万円とした場合、**月給100万円**です。

漱石に高給が割り振られていたとはいえ、公立高校の先生の月給が100万円だった時代もあるのですね。この水準を維持できていたら、現代日本における教育現場の疲弊感は多少でも和らいでいたかもしれません。

ところが、熊本での高校教師生活が「くだらない」と感じた漱石はすぐさま退職してしまい、明治33年（1900年）にはイギリスに官費留学することになります。留学費用を国が負担してくれるだけでなく、なんと年間手当1800円（＝**1800万円！**）まで与えられました。さらに漱石がいない間、彼の妻と子の生活資金として年300円（＝**300万円**）が与えられていたというから破格の好条件です。

しかし、イギリス留学中の漱石はまともに学校には行かず、買い込んだ洋書を下宿にて読み続けるだけの日々を送るのでした。西洋人と比べ、日本人の中でも背が低くみすぼらしい自分にコンプレックスを感じ、鬱の症状が強くなってしまったそうです。

本人が感じている自分の幸福度と、周囲が考えるその人の幸福度はまったく比例しない。そのサンプルとして、漱石の例は語り継ぐべきかもしれません。

帰国後、漱石は当時としては珍しい洋行帰りの紳士として、大学で英文学の教鞭《きょうべん》をとります。しかし、生徒からは「授業がつまらない」と不評で、授業をボイコットされることがありました。漱石はこの時もストレスを募らせ、気晴らしの趣味を必要としました。それが、俳句や小説の執筆という創作活動の始まりだったのです。

作家デビューした漱石の年収

明治38年（1905年）から翌年にかけ、夏目漱石は教師生活のかたわら、作品を次々と発表していきます。3分冊として発表された処女小説『吾輩は猫である』のうち、上編の初版は20日間ですべて売り切れ、話題を呼びました。

作家デビューを遂げたこの年の彼の年収がどれくらいあったか、試算してみましょう。

数字が明らかになっているだけでも、東京大学（当時は東京帝国大学）や明治大学の教師として得られた総計が1860円（**＝1860万円**）。原稿用紙667枚分の原稿料収入は約318円（**＝318万円**）。

最後にこの年の『吾輩は猫である』上編の印税収入ですが、この本を出版した大倉書店・服部書店は漱石の印税契約書を紛失したそうで、正確な印税比率はわかりません。彼の平均的な初版の印税率は15％で、2刷以降は徐々に上昇という著者に有利なものでしたが、今回は一律15％で計算してみます。

この年に刷られた初版〜3刷までの合計部数は4000部。これに1冊あたりの定価95銭を掛け算し、さらに1銭は現代の200円に相当するのでそれも掛け算。その数字に印税率15％を掛けて計算したところ、現代ならば**1140万円**がこの年の漱石の印税収入だったとわかります。以上、すべてを合計すると年収は**3318万円**。

大学勤めの給料に比べると作家としての収入は少ないのですが、『吾輩は猫である』の経済的な成功に注目した東京朝日新聞社から、「専属作家にならないか？」というオファーがきます。

こうして、明治40年（1907年）以降の漱石は、嫌いだった教師生活から完全引退できました。朝日新聞社専属作家として給与をもらいながら、新聞小説を書く日々が始まります。執筆ノルマなど気詰まりな制約はあったにせよ、待遇は実によく、現代の貨幣価値でいえば月給は200万円、年2回のボーナスが600万円。年収は**3000万円**にもなりました。朝日新聞社の社長よりも高額だったことには驚いてしまいます。

しかも、この3000万円は作家・夏目漱石の「基本給」にすぎず、印税収入もありました。どの出版社で連載内容を単行本化してもよい契約で、漱石には3000万円＋αの年収が約束されたのです。

豊かすぎる夏目家

高給を得るようになった漱石ですが、この頃でもまだ、妻・鏡子は「うちは貧乏だ」と感じていたそうですよ。

幼い子どもが多かったことや、漱石が定期的に大病で倒れ、現代日本のように国民健康保険がなかった当時、治療費が非常に高くついたことが大変だったようです。また、漱石は芥川龍之介や寺田寅彦といった門弟たちとの交流もさかんでしたから、接待交際費もバカにならない額だったと思われます。当時はまだ家電などもありませんから、広い家をキレイに保つだけでも複数の女中を雇う必要があります。現代と比べると、普通に暮らしていくだけでも多くのお金が出ていくのが、明治時代の日本の生活だったといえるかもしれません。

しかし、現代の価値で何千万円も稼いでいる夫を持ちながら、「うちはお金持ちではない」と明言してしまうあたり、東京湾岸部のタワーマンションに暮らす奥様の小言のような何かを感じてしまわないでもありません……。また、このあたりが、夏目鏡子が悪妻だといわれた影の理由かもしれません。結局、漱石本人や家族が、贅沢な生活の中でお金を使い果たしていったのでしょう。

小説の執筆は、漱石の数少ない気晴らしでした。しかしそれを職業にしてしまったことは、夏目家に大きな利益をもたらす反面、ストレスを感じやすい漱石本人を蝕《むしば》んでいきます。本人の憂鬱度に比例するように漱石の作品は難解さを年々増していき、初版部数と増刷回数は減っていきました。

しかし、〝貧しさ〟に悩まされた鏡子夫人が余ったお金を株式に投資したことで、夏目家のお大名暮らしは彼の死まではもちろん、彼の死後も続きました。

とくに大正時代、夏目家の印税収入は凄まじく、現役のベストセラー作家も凌駕《りょうが》していたことで「印税成金」などと陰口をたたかれるほどでした。筆者も文筆業のはしくれですが、漱石先生の安定した稼ぎっぷりには「羨ましい」の一言しかありません……。

『貧窮問答歌』山上憶良は貧窮していたか

平安貴族の出世事情

平城京に都があった奈良時代、日本の中心は朝廷でした。これは、経済的な意味でも同様です。稼げる仕事といえばすべて朝廷関係で、官僚は高収入が期待できる職業でした。

しかし、平城京の全官僚7000人の中でも、超高収入が期待できるのはたった150人程度。「従五位《じゅごい》（＝従五位下《じゅごいのげ》）」以上の官位を天皇からいただけた上位2％のエリートだけが、その他の官僚たちと比べても格段に高い収入を得ることができたのです。

「従五位」とその下の位である「正六位《しょうろくい》」との間には大きな年収差がありました。「正六位」の年収を現代の貨幣価値に換算すると**約680万円**。しかし、「従五位」になると**約1400万円**にハネあがるのです（山口博『日本人の給与明細』による金額。以降の年収も同様）。

それもそのはず、当時は「従五位」以上の官位を持つ者が「貴族」で、それ以下はただの

「お役人」にすぎませんでしたから。

しかし〝庶民〟の生まれでも、下っ端役人からキャリアをスタートさせ、長年努力を続けていれば〝貴族〟のはしくれくらいになれたのが奈良時代の日本だったのです。古典の時間に必ず習う『貧窮問答歌《ひんきゅうもんどうか》』で有名な**山上憶良**も、庶民から貴族になるまで出世レースを勝ち抜いた一人でした。

『貧窮問答歌』のリアリティ

税を支払えない家に、ムチを持った里長が取り立てにやってくる場面が有名な『貧窮問答歌』ですが、実は次のようなわびしすぎる情景から始まります。

「風雑《ま》じり　雨降る夜の雨雑じり　雪降る夜は　術《すべ》もなく　寒くしあれば　堅塩《かたしお》を　取りつづしろひ　糟湯酒《かすゆざけ》　うち啜《すす》ろひて　咳《しは》ぶかひ」

（風に冷たい雨や雪が混じって降ってくるような夜は、どうしようもないくらいに寒いから、酒粕を湯に溶かした糟湯酒をチビチビと塩をつまみに飲んでみるのだけれど、咳が出てきて……）

この冒頭部には、貧しい暮らしの〝つらさ〟がリアルに表現されています。

「山上憶良は上級役人だったので、貧乏人の暮らしを想像して詠んだだけ」とする研究者もいます。しかし実際のところ、彼のようになんの縁故もない〝庶民〟は10代の頃に年収200万円の「少《しょう》初《しょ》位《い》」、つまり〝木っ端役人〟からのスタートが切れればまだよいほうでした。

憶良にはそれさえ無理だったようです。彼の名前が最初に歴史に記されたのは、大宝元年(701年)。数え歳で42歳の憶良は、遣唐使の一員に選ばれました。ところがこの時点で、彼は「無《む》位《い》無《む》姓《せい》」です。現代風にいえば「ステイタスが低い」=「大した仕事はできていない」との意味になり、これは「少初位」にも及ばない低収入を意味します。

『貧窮問答歌』の貧乏描写がやけにリアルなのも、おそらくは現代の貨幣価値で**年収200万円以下**の〝ワーキングプア〟として40代までを過ごしていた憶良の苦い思い出が反映されている……そう考えてもなんの不思議もないですね。

奈良時代の庶民たちの住居は、田畑を兼ねた150坪ほどの土地に建てられました。小さな小屋のような建物に、平均10人以上の家族がひしめきあうようにして暮らしていたそうです。まさに『貧窮問答歌』的というか、それと似たような環境から憶良は人生をスタートしたのではないか、とも考えられます。

その後ジワジワと憶良は階級の階段を這い上がり、憧れの「従五位」にたどりつけたのが54歳の時。〝貴族〟のステイタスと、現代でいえば**約1400万円**もの収入を得られるようになります。

当時の平均寿命は30代半ばでした。それを大きく上回る40代はじめでまともな仕事にやっとありつき、50代半ばで貴族のはしくれといえる地位に上り詰めたのが憶良の人生だったのです。

憶良の最期

実は憶良が歌人として頭角を示したのは、晩年に達してからでした。重病の自分を奮い立たせようとして詠まれたと思われる歌も残されています。

「士《をのこ》やも　空《むな》しかるべき　万代に　語り継ぐべき　名は立てずして」

……「**男たるもの、後の世にまで残る功名をあげずに死んでたまるか**」。そう意訳できる、悲痛な叫びですね。回復できたのかどうかは判然としませんが、天平5年（733年）に憶良は73歳で亡くなったとされます。

「従五位」の役人なら、2180坪ほどの敷地に建つ邸宅での暮らしを送っていたわけですが、彼の官位は「従五位」を得てから約20年の間、上がりはせず、収入も横ばいのまま。あと一段階上がって「正五位《しょうごい》」になっていれば、年収は**1400万円**から**2600万円**、ほぼ倍額になっていたはずです。野心家だった憶良には後悔が残る最期だったことでしょう。

Column

『吾輩は猫である』、定価は5万5000円!?

明治38年（1905年）、夏目漱石は『吾輩は猫である』で作家デビューを果たします。本の売れ行きは当時としてはかなりよく、明治38年の間に上編は3刷までいきました。ただ、初版部数が1000部、3刷まで増刷しても総計4000部と聞けばどうでしょうか？　出版業界の事情を知る人でなくても、「少ない」という印象かもしれませんね。

しかし、さすが文豪・夏目漱石だと思わせるのは、この本の価格です。上編だけでも1冊95銭もしました。明治時代の1銭は現代の200円相当ですから、なんと現代なら**1冊1万9000円**です！　続く中編・下編はともに90銭なので、それぞれ1万8000円。全編揃えるには、現代の貨幣価値で**5万5000円**もかかりました。21世紀の日本で文庫本なら1000円もしないでしょうが……。

当時、『吾輩は猫である』などよりもケタ違いのベストセラーになった福沢諭吉の『学問のすゝめ』は、17編の合本版で1冊75銭（＝1万5000円）でした。それと比べても、漱石の単行本は装丁や使う用紙も選びぬかれた一種の美術品であり、相当な高値がつけられていたことがわかります。

『吾輩は猫である』の上編は発売の翌年（明治39年）には3回増刷して6刷になり、明治40年（1907年）には6回増刷して12刷を超えました。それ以降もジワジワと売れていきます。

明治39年に中編、明治40年には下編が発売され、これらも着実に部数を伸ばしました。ちなみに大正3年（1914年）の時点で、上編が20刷、中編が14刷、下編が10刷なので、途中で買うのを止めてしまう読者も多かったという事実も透けて見えますね。やはり当時としても〝高い本〟という感覚だったのでしょう。

第3章

偉人のイカれた金遣い

留学費を芸者遊びに使った野口英世

医学研究者・**野口英世**。「貧しさの中から努力を通じて大成功を掴む」という古風な立身出世伝説の持ち主です。

明治9年（1876年）、福島県猪苗代《いなわしろ》町の貧しい農家に生まれた彼は1歳の時、囲炉裏《いろり》に落ちて左手を大やけどしてしまいました。しかし、野口は身体的なコンプレックスを跳ね返すべく猛勉強を続け、20歳の若さで医師免許を取得。24歳でアメリカに渡り、医学研究を続けます。そののちはロックフェラー財団に援助され、34歳で当時はまだ不治の病だった梅毒スペロヘータの純粋培養に成功したのでした。これは梅毒治療の根幹となりうる大発見です。

37歳、38歳の時の2回、ノーベル賞の候補となった後は黄熱病研究に打ち込みますが、その研究中、病に感染して死亡……などと要点だけ述べれば、完璧な偉人的経歴の持ち主です。しかし、野口は金にはとことん汚い人物でした。贅沢三昧するのに使うのはもっぱら他人のお金で、他人に財布を開かせるためなら、その明晰《めいせき》な頭脳を使ってなんでもする悪魔のようなところがあったのです。

結婚の約束を破る

野口からタカリのターゲットにされた中に、裕福な歯科医師・**血脇守之助**《ちわきもりのすけ》がいました。のちに、東京歯科大学の創立者の一人に名を連ねる人物です。血脇と多少の面識があった野口は「東京にきたら、わが家に立ち寄りなさい」という彼の言葉を本気にし、立ち寄るどころか転がり込みます。

野口が通った済生学舎《さいせいがくしゃ》（日本医科大学の前身）の学費はすべて血脇が払ったし、野口が勉学のストレス解消に飲み歩き、遊郭へ行った遊興費まで文句を言わず、支払い続けてくれたそうです。すべては野口が天才だと見込んでの〝投資〟ではありましたが……。

野口は気晴らしに滞在していた箱根の旅館で、斎藤文雄という富豪の男性をたらしこむことに成功します。斎藤の姪・ます子は医学を志す女性でした。「留学から帰国したら、あなたの姪と結婚してあげるから」との約束で、野口は３００円を得ます（当時の１円＝１万円とすると、**３００万円**）。ところが自らの送別会を横浜の一流料亭で企画、なんと一晩でこの３００円を使い切ってしまったのです。この時も、血脇が野口の穴埋めをします。

留学資金を用意し、野口をアメリカに旅立たせてくれたのでした。

　野口は留学費用を出してくれた大富豪・斎藤との約束……つまり彼の姪との結婚の約束を守りませんでした。彼が留学費用として受け取った300円は、結婚する際に、女性の実家側が男性に支払う習慣のあった「持参金」代わりのお金です。婚約不履行に怒り狂う斎藤に、野口の代わりに300円を返金したのも血脇でした。ます子は野口を信じて待っていたのに裏切られ、婚期を大幅に逃したそうです。

　こうした所業への天罰でしょうか。かつては医学研究者として野口の評価は極めて高かったのですが、現在は彼の学説の多くが否定されています。医学の教科書の中でも、野口の名前を見る機会は減ってしまいました。

　また、1970年代後半、ポプラ社の子ども向け偉人マンガの売り上げナンバーワンは野口英世でしたが、現在は8位に陥落してしまいました（ちなみに2021年発表のランキングではウォルト・ディズニーが1位）。偉人にも実は〝賞味期限〟があるのです。

〝推し活〟で3億を溶かしたエカテリーナ2世

18世紀後半のロシアに君臨した女帝・**エカテリーナ2世**は、ガブリエッリというカストラートを随分と贔屓《ひいき》にしていました。今風にいえば、彼はエカテリーナの〝推し〟です。

「カストラートとはなんぞや」という方のために説明すると、かつてのヨーロッパには、カストラートと呼ばれる独特の声を持ち、人気だった歌手たちがいたのです。

貧しい家に生まれた美声の少年たちがわずかな金と引き換えに親から売られ、声変わりしないうちに去勢される……彼らの悲惨と栄光の物語は、このように始まります。さらに音楽院で最低6年、時には10年以上にわたって厳しい声楽のレッスンを受けた後、ごく一部の才能のある者だけがカストラートとしてオペラの舞台に立つことを許されたのです。当然、希少価値があるので彼らのギャラはその他の歌手より高額でした。

とくに名カストラートたちの歌声は「天使」にもたとえられ、ヨーロッパ中の絶対君主を魅了しました。人気のカストラートには国家の要人レベルかそれ以上のギャランティを支払う習慣があり、当地の君主にとっては芸術への愛を証明する存在だったともいえるでしょう。

文化人を自称するエカテリーナとしては、ヨーロッパ中で引く手あまたの歌手・ガブリエッツリをロシアの地に独占しておきたい思いがありました。ギャラの交渉をしますが、5000ドゥカートもの大金をワンシーズンの報酬として彼から要求されてしまいます。当時の1ドゥカート＝6万円以上に相当するので、なんと**3億円以上**です。ヨーロッパ随一の富豪だった女帝エカテリーナも、さすがに気分を害しました。

「ロシアの陸軍元帥でもそんな金額の俸給を受け取っている者はいない！」と非難するエカテリーナ。しかしガブリエッツリは涼しい顔で「**それなら陛下、陸軍元帥に歌わせればよろしいのでは？**」と返し、さしもの女帝も彼の言い値で契約せざるを得なかったそうです。現代日本でいう〝推し活〟で3億円を溶かしてしまうとは、さすがロシア女帝の金遣いはスケールが違いますね。

女帝の「寝室経費」

なお、エカテリーナの人生を寝室から彩った愛人男性たちにはさらなる大金がつぎ込まれていたようです。エカテリーナ2世にはその名も**「寝室経費」**なる出費がありました。

女帝が寵愛した男性とその支給金額をまとめた「特別手当」というリストが、１７９４年、ピエール・デュボアなるフランス人ジャーナリストの手で、雑誌『世界の国々（Les pays du Monde)』に掲載されたそうです。女帝最愛の男性として名高いポチョムキン公爵の５０００万ルーブル（１ルーブル＝２２５０円とすると**１１２５億円**）が最高額で、短期的な関係のヴィソツキーなる男性にも30万ルーブル（＝**６億７５００万円**）が〝愛人手当〟として支払われていたのだから驚愕です。

さすがにこのリストは、ロシア皇室の無駄遣いを批判するために作られたフィクションの可能性もあります。ただ、ロシア男性へのお手当はロシア帝国領内で主に流通したルーブル金貨で支払い、イタリア人のガブリエッリにはヨーロッパ中で両替なしに使用できる国際通貨・ドゥカート金貨でギャラの支払いがなされていた点から、エカテリーナのポケットマネーがさまざまな通貨に対応していたことが推察できる興味深い資料のひとつです。

ドリンク1杯1・5億!?
クレオパトラの才知

「世界3大美人」の一人に数えられる**クレオパトラ**。エジプト王国、プトレマイオス朝時代における最後の女王です。

父王プトレマイオス12世が亡くなったのは、クレオパトラが18歳の時でした。残された王子・王女たちの中で最年長だった彼女は、女王として即位することになります。

エジプトの法は、王女にも女王としての即位を認めていましたが、それには実の兄弟との結婚が条件とされました。クレオパトラは慣例に従い、8歳年下の、当時まだ10歳だった弟と結婚し、クレオパトラ7世としてエジプト女王の玉座につきました。弟も国王プトレマイオス13世の名で即位しますが、まだ年少であり、クレオパトラは思うがままに国政のすべてを取り仕切ることができたのです。

しかし、弟はわずか数年で思春期に達し、クレオパトラへの反抗姿勢をあらわにしてきます。囚われの身になったクレオパトラは、ローマからやってきた軍人カエサルを籠絡し、カエサルの手で弟を戦死させました。

クレオパトラのコイン
Tetradrachm (Coin) Portraying Queen Cleopatra VII, 37 BCE–33 BCE, The Art Institute of Chicago.

男性を虜にしたのは美貌ではなく……

後世、クレオパトラがカエサルなどの男性を次々に虜《とりこ》にできたのは、彼女の美しさゆえだとする書物が増えました。イタリア・ルネサンス時代の作家ボッカチオは「クレオパトラには美しさしか有名なところはなかった」とまで言い切っています。

しかし、当時のコインに刻まれている彼女の肖像を見る限り、鷲鼻《わしばな》のふくよかな女性が描かれているだけで、これが絶世の美女の横顔だと言い切ることは難しいと感じられます。

また、彼女が生きた時代とほぼ同時期の文献を読めば、美しさ云々以前に、クレオパトラは「私は裕福な女である」とアピールして男性の心を掴んでいたことがわかります。自分を保護してくれる男性を〝買い求める〟かのようなクレオパトラの生き方は独特です。

ローマに帰ったカエサルが暗殺されてのち、クレオパトラは自分を守ってくれる殿方を新たに探さねばならなくなりました。そんな彼女の前に、折よくローマから**マルクス・アントニウス**という男が現れます。

アントニウスが部下を引き連れてやってきたのは、クレオパトラがローマに対し裏切り行為をしていた事実を詰問するためでした。しかしクレオパトラはアントニウスたちを豪華な客船に招き入れ、宝石が輝く金の皿に載せられた多彩な料理が次々と運ばれる宴で接待し、彼らの心をたらしこんでしまうのでした。

中でも伝説になっているのが、**1杯1・5億円**相当のドリンクによる〝おもてなし〟でした。とはいえ、飲んだのはクレオパトラ本人だったのですが。

アントニウスたちを接待していた宴の終盤、クレオパトラは巨大な真珠のイヤリングを片耳から外し、こともなげに飲用の酢に放り込みます。そして、真珠を溶かした液体を一息で飲み干してしまいました。

古代ローマを代表する博物学者・プリニウスの『博物誌』によると、一晩の宴だけで1000万セステルティウス（一説に1セステルティウス＝現代日本の3000円なので**300億円！**）もの大金を費やせるかどうか、彼女がアントニウスと賭けていたがゆえの大盤振る舞いだったそうです。

数万個の貝の中から1～2個見つかればよいほうだった真珠は、当時ダイアモンド以上の高級品で、大きければ大きいほどケタ外れの値段がつきました。プリニウスは、『博物誌』の中で「貴重品の中でも第一の地位、最高の位が真珠によって保持されている」と記しています。そしてクレオパトラが溶かしてみせた真珠も、当時の価格で黄金570キロぶん（＝1・5億円以上）に相当していたそうです。

ただ、科学的に検証すると、この伝説は疑わしいものです。飲んでも人間が死なない程度の酸性の液体に、大きな真珠が瞬間で溶けてしまうことはありえません。

クレオパトラが飲用の酢で大きな真珠の粒を瞬間で溶かすことができたからくりは、砂糖か何かで作られた大きな粒を真珠に見立て、イヤリングにしていたというものでしょう。

クレオパトラの〝アイデア勝ち〟だったのではないか、と筆者は考えています。

古代ローマでは、男性たちの会食の席に女性が対等な存在として連なることは稀《まれ》でした。ローマにおける女性の地位は相対的に低く、たとえ上流階級出身の女性でも、華々しく活躍する男性の添え物のように扱われるのが普通だったからです。

しかし、同時代でもエジプトのマナーは違いました。宴席に参加するのなら、女性も甲斐甲斐しくお客の世話をしているばかりではダメで、彼らを笑わせるジョークのひとつでも言えなければ失格だったのです。

アントニウスたちも薄々、クレオパトラの〝真珠〟のトリックに気づいていたかもしれません。しかし、一瞬にせよ客人の度肝を抜いて見せた彼女の、女主人としての見事な振る舞いに心を鷲掴みにされてしまったのかもしれませんね。

日本初の公営カジノを楽しんだ天武天皇

現代日本では、賭博の類は法律によって禁止されています。しかし『日本書紀』の記述には、**天武天皇**の命令でギャンブルに興じる貴族たちの姿が登場しました。日本初の「公営カジノ」を描いたとされる記述は次の通り。

「辛酉、天皇御大安殿、喚王卿等於殿前、以令博戯」

言葉を補いながら意訳すると、**「天武14年（685年）9月18日、天武天皇は宮中の正殿である『大安殿《だいあんでん》』に上流貴族たちを呼び集め、彼らに『博戯《ばくぎ》』をしなさいとお命じになられた」**のだそうです。

「博戯」とは、「双六などの賭けをともなう勝負ごと」と解釈され、実際にこの日も10人ほどが「御衣や袴を天皇からいただいた」という記述が続きます。なお当時でいう「御衣」や「袴」などは宮廷装束であり、今の価値で1着あたり数十万～数百万円に及んでもおかしくはない高価な品でした。これは「かなりの金銭が動いた」と同表現なのです。

現代人のわれわれが「双六」と聞いて想像するのは「絵双六」で、サイコロを振り、出た数だけコマを進めていくボードゲームだと思います。しかし、かつて「双六」といえば「盤双六」のほうが有名でした。盤双六の人気全盛期は平安時代くらいで、江戸時代初期には廃れてしまったのですが、しばしば大金を賭けての真剣勝負が行われていたのです。

盤双六の複雑なルールをまとめると、勝負相手と対面で双六盤を挟んで座り、サイコロを振って出た数だけコマを動かし、先に自分のコマを相手の〝陣地〟にすべて送り込んだほうが勝ちというもの。勝負が白熱すると、サイコロを振る手にも熱が入りました。

天武天皇はギャンブラーだったか

『日本書紀』の記述だけでは、天武天皇自身がこの双六なる名の中国からきた最新のゲームに熱中したかはわかりません。ただおそらく、ハマってしまっていたのではないか、と考えられます。

この「公営カジノを主宰」の場面の前には、「中国からもたらされた歌や笛などは子々孫々まで受け継いで続けていくように」と天武天皇が命令するシーンが出てきます。この行間からは、「双六という賭け事遊びも、中国からきた最先端のゲームですよ。みんな楽しみなさい」などの意味くらいは浮かび上がってきそうです。天武天皇は当時最先端の遊興ごとを日本でも普及させ、宮廷を華やかな場にしようと思っていたようですね。

天武天皇が双六（とゲームルールなど）を紹介し、自分は勝負を見ていた〝だけ〟とする『日本書紀』の記述も、少々不自然なように思われます。

そこで怪しいのが、天武天皇の妻であり、彼の崩御後に即位した**持統天皇**の言動です。持統3年（689年）12月、持統天皇はとつぜん「雙六《すごろく》を禁め断《いさや》む」……つまり、**「双六なんてギャンブル遊びは禁止です」**と命令しました。

持統天皇は『日本書紀』の編纂《へんさん》事業にも関与し、大きな発言権を持っていました。「天皇もギャンブルに興じた」という表現がまったく出てこないのは、天武天皇が賭け事にかなり熱中していて、それに眉をひそめていた妻・持統天皇が「こんなことは後世に伝えたくはない」と考えたがゆえでは……などと勘ぐってしまいます。

Column

ジャン・ヴァルジャン、63円のパン窃盗で19年の服役

クロード＝ミシェル・シェーンベルク作曲のミュージカル『レ・ミゼラブル』は、1980年の初演以来、全世界で人気が衰えない名作です。

原作は19世紀フランスの文豪ヴィクトル・ユーゴーの同名小説で、タイトルを直訳すれば「悲惨な人々」になります。さまざまな困難を抱えた人々の姿が描かれる長編小説ですが、悲惨さでは主人公**ジャン・ヴァルジャン**が横綱かもしれません。「わずか1本のパンを盗んだ罪で、19年間も刑務所で強制労働させられた」という経歴の持ち主でしたから。

ジャン・ヴァルジャンが逮捕されたのは1796年のフランスです。フランス革命中の政治混乱期であると同時に、庶民たちは革命前から変わらぬ物価上昇に悩ませられていました。1796年より少々前の統計ですが、「1771年から1789年の間に賃金が22％しか上がらなかったのに対し、必需品の価格は平均62％上昇した」とあります（R. B. Rose, "Eighteenth Century Price Riots, the French Revolution and the Jacobin Maximum"）。

当時のフランスの庶民の食事はパンが中心で、大人はパン1キロ（いわゆるバゲット型

のフランスパン4本に相当）を1日で食べてしまったそうです。貧しい庶民はパンしか食べるものがなかったからでした。それゆえフランスの庶民たちは、収入の**88％**もパン代に費やすことになります。ひどい話ですね。

18世紀後半～19世紀前半のフランスの単純肉体労働者の時給は2スー程度。1スー＝50円相当なので、なんと**時給100円**……。この頃は1日10時間以上働くのが普通でしたが、それでも20スー（＝1000円）程度しか稼げません。

「枝切り人夫」と呼ばれる職人だったジャン・ヴァルジャンは、1日あたり24スー稼げていたそうです。寡婦《かふ》になった姉と助け合い、姉の7人の子どもたちのために必死で働いていたジャン・ヴァルジャンですが、冬を迎えると枝切りの仕事がなくなります。ついに食うにも困るようになって、パンを1本盗んでしまったのでした。

この時代、フランスパン4本の値段は5スー（＝250円）。ジャン・ヴァルジャンが盗んだ1本のパンの値段は**約63円**ということになります。どんな盗みでも正当化はできない罪ですが、食べるに事欠いた貧者が63円のパンを盗んで19年投獄および強制労働とは……。さすがは文豪ユーゴー、人生の不条理を痛感させる名設定といえるでしょう。

しかし、この「63円のパンで19年」の数字には解釈の余地が少々あるようです。

まず、当初の刑期は5年でした。ジャン・ヴァルジャンは何度も脱獄を試みたので、そのペナルティとして刑期が延びた末、19年になってしまったのです。まぁ、それでも63円で5年の量刑とは、現代人の目から見て厳しすぎることは変わりありません。

ただこのひどい量刑にも、物価を考えれば、根拠と呼べるものはあるのでした。ジャン・ヴァルジャンは店頭に並んでいたパンを万引きしようとしたのではないのです。「ある（冬の）日曜の晩」、「表のガラス戸が割れる音」を聞きつけたパン屋モベール・イザボーに取り押さえられる形で彼は逮捕されています。ジャン・ヴァルジャンは怪力との設定が『レ・ミゼラブル』にはありますが、イザボーはそれ以上の怪力だったのでしょうか？

冗談はともかく、18世紀末のガラス窓はかなりの高級品でした。当時の技術では60センチ×150センチ程度の大きさの窓ガラスを作るのが限界で、大きな窓は今より価値が高かったのです。ジャン・ヴァルジャンがパンを盗むために割った窓も、ショーウィンドーに相当するような大きく、高価な窓だったのではないでしょうか。

現代日本において、90センチ×90センチの「ロートガラス」の窓の相場は約1万3000

〜1万8000円。18世紀末のフランスで割られた窓の価値は、おそらくその何倍、何十倍の価格だったでしょう。しかも現在のように保険金で犯罪被害が補償されるわけでもなく、犯人がパンすら買えない貧困層ゆえ、その家族による弁償も期待できない。パン屋自身もおそらくそこまで裕福とはいえない中、店の経営に痛手を与えたことが量刑された結果の「刑期5年」だったと考えられるのです。

ジャン・ヴァルジャンはフィクションの登場人物ですが、原作者のユーゴーは緻密な取材と考証によって『レ・ミゼラブル』を書きあげたと知られています。18世紀フランスの犯罪者に対する法の厳しさには震えてしまいますが、「被害者よりも犯罪者に対してやさしい」などと揶揄《やゆ》される現代日本の法と比べると、どちらが望ましいのでしょうか……その結論は簡単には出せません。

第4章

偉人のマネーテクニック

780億の「借金王」・カエサルの出世術

紀元前69年頃、財務官に選出された**ユリウス・カエサル**には、すでに1300タレントもの借金がありました。

タレントはローマ時代以前から古代ギリシャで使われていた通貨で、1タレントだけで当時のローマ庶民6000人の日給に相当する巨額だったそうです。ローマ庶民の日給を1万円と仮定すれば、1タレントは6000万円。1300タレント=**780億円**もの借金を、カエサルは31歳の若さにして負っていたわけです。この頃の彼は、「英雄」どころか**「借金王」**のあだ名で呼ばれる始末でした。

カエサル家は古代ローマの名門貴族です。ユリウス・カエサル本人にそこまで目立った功績はなくても、名門貴族の子息という肩書があったがゆえに、ローマ中の富豪たちから金を借りることができました。

特異なのは、借りた金のほとんどを、カエサルが世間の〝好意を買う〟ために用いていたことです。当時のローマの上流婦人たちは婚外恋愛に熱心でしたから、彼女たちの歓心を得るため、カエサルは高額なプレゼントを連発しています。さらに同僚の貴族たちの昇進が決まればお祝い金として、もしくは彼らの身内に不幸ごとがあればお見舞金として、カエサルは大金をばらまきます。庶民たちにも、彼らが喜ぶ剣闘競技の大会を主宰してやったり、大量の食物を買い与えたり、ハデな散財を続けたのでした。

しかし、これらの投資は、のちのちカエサルがローマの最高権力者に成り上がる時に役立ちました。また、カエサルに多くの金を貸した有力者ほど、彼の身を率先して守ってくれました。うっかり死なれたりすると、貸付金の回収ができなくなるからです。

ガリア戦争で大出世

現代の経理では、借金を資本として考えます。借金が多いほど、その人にそれだけのお金を借りられる高い価値が備わっていると見る価値観もあります。それでも780億円もの「借金王」となってしまったことは、彼にはかなりのリスクでした。本当に返済の見込みはあったのでしょうか。

中年まではさしたる功績もなかったカエサルですが、大出世のチャンスは、当時の平均寿命を過ぎた42歳の頃にやってきました。彼は「ガリア戦争」（紀元前58年〜同51年）に軍人として出征し、そこで大成功を収めることができたのです。しかも彼は征服したガリア人の財産をごっそり手中に収められました。これによって、カエサルは巨額の借金がなくなったどころか、凄まじい額の財産さえ築けたのでした。

当時のローマで成り上がるには、有力者に好かれ、優先的にチャンスを与えてもらうしかありません。カエサルが借金までしてバラマキを敢行し続けた理由です。借金を自分の将来への課金と考え、最高の条件で勝ち抜けるまでは絶対に勝負を諦めない……そんなカエサルは生粋のギャンブラーだったのかもしれません。

しかし意外なことに、カエサルの私生活はあまりに質素で禁欲的ですらありました。書物だけは熱心に買い集めましたが、ほかには取り立てて贅沢も好まなかったそうです。偉人にはいくつもの顔があるものですね。

8億の税金をもみ消したアドルフ・ヒトラー

ユダヤ人迫害によって、**アドルフ・ヒトラー**は歴史におぞましい悪名を刻み込みました。しかし、そんなヒトラーにも偉人と呼びうる功績がひとつだけあります。

1932年、ヒトラー率いるナチスがドイツにおける第一党の座を得た頃の話です。ドイツは第一次世界大戦終戦後に押しつけられた、現代の貨幣価値で数百兆円にも相当する巨額の賠償金に苦しみ、世界恐慌のあおりも受け、深刻な経済危機にありました。

そんな中、ヒトラーは熱心に数多くの公共事業を展開し、住宅建設やアウトバーン（高速道路）・飛行場の整備、そして軍備の拡張などを行わせます。この経済政策によって国民たちはひとまず救われ、ヒトラーは国民的な人気者となり、ナチスへの支持基盤も盤石になりました。

経済政策を見事に成功させ、破綻寸前のドイツと飢えに苦しむ国民を一度は救ったヒトラー。経済に強かったことは彼の知られざる才能でしょう。

しかし……国家経済の立て直しに尽力する一方で、ヒトラー個人の財政はかなりまずいことになっていました。資産的には裕福といえるのですが、数億円規模の税金を滞納していたのです。

『我が闘争』で23億を売り上げるが……

彼の著書『我が闘争』は大ベストセラーになっていました。発売当初はそこそこの売れ行きでしたが、1925年末までには初版発行部数の1万部がほぼ売り切れ。その後6年の間にさらに30万部近く売れ、首相に任命された1933年にはなんと100万部以上も売れたのでした。

2004年、ミュンヘンの公文書館で発見された資料によると、ヒトラーは『我が闘争』の売り上げによって約123万ライヒスマルク（当時の1ライヒスマルク＝1850円とすると、**約23億円**）の収入を得ています。この収入には約60万ライヒスマルクもの納税義務が生じたのですが、そのうち約45万5000ライヒスマルク（＝**約8億円**）を支払いませんでした。高級車を買い、その運転手を雇った金を経費として申告して所得をごまかそうとするなど、実に情けないことをしています。

もともと裕福ではない家庭に生まれ育ち、政治活動の失敗で投獄されたり、極貧になってホームレス用施設で暮らしたりした経験すらあるヒトラーにとって、『我が闘争』の大成功で手に入れた金を手放すのは我慢ならなかったのでしょう。

叩けばホコリの出る身体のヒトラーですが、多額の税金を滞納したままドイツの首相に就任してしまいました。醜聞《しゅうぶん》を人気が上回ったのです。しかし、さすがに怒ったミュンヘン税務署は、例の8億円あまりの税金滞納額を8日の間に支払えと言いだします。

するとヒトラーは首相としての特権を使い、自分の息のかかった人物をミュンヘン税務署の署長に据えました。そして彼に「ヒトラーは特別に非課税にします」と忖度させて、税金滞納問題をリセットしてしまったのでした。政治家は儲かる職業だといいますが、税金対策として政治活動を行い、人気を背景に税金を踏み倒すような荒業は、歴史の中にも類を見ない気がします。

ヒトラーのせいで第二次世界大戦中にドイツは焦土と化しますが、彼は「**自分の財産のすべてをドイツに捧げる**」と遺言して自殺しました。

織田信長の大胆すぎる領地経営

織田信長は大胆な減税を自分の領民たちに施し、経済を活性化させることによって逆に儲けていたことで知られています。

永禄11年（1568年）、信長は近江の守護大名・六角氏を討ち滅ぼし、その旧領を取得します。この時、信長が領民たちの年貢額＝税額として決定したのが「収穫高の3分の1」という数字でした。これは、当時としてはかなり安い割合です。

領主が戦争をする時、領民たちは通常時より高額の税を収めねばなりませんでした。そのため戦争が頻発していた戦国時代末期、各地の税額は高止まりしていたのですが、信長はその真逆の姿勢を貫いたのです。

古代の日本では律令体制が徹底され、土地はすべて天皇のものとされていました。しかし平安時代以降、有力者には荘園の形式で土地の私有化が許されます。中世以降の状況はさらに複雑になりました。荘園の持ち主（＝荘園領主）と、持ち主が任命した管理人（＝

荘管）の両方に、領民は年貢を納めねばならなくなります。そして乱世になればなるほど、〝土地の有力者たち〟の数は増えていったので、領民の税額も上昇を続けました。

そこで信長は、強大な軍事力を背景に〝土地の有力者たち〟を排除してしまい、自分の懐に年貢がスルッと入るように設定したのでした。だから税額を下げたところで、信長は安泰なのです。

信長の絶対的支配

近親に与えたものを除くと、信長自身の直轄領はほとんどありませんでした。ただし家臣たちに土地を与えたわけではなく、すべてが「貸与」に等しいものであったのが実情です。家臣が事実上、土地を所有していなかった証拠として、信長は家臣たちに頻繁な国替えを要求しました。栄転でも国替え、左遷でも国替えです。

所領の没収を罰則として行うこともありました。天正4年（1576年）、信長は信頼していた武将・佐久間信盛父子に、「石山本願寺攻め」という大事な仕事を任せます。しかし佐久間父子は石山本願寺の攻略に無残に失敗し、信長自身が朝廷に頭を下げて介入してもらわざるをえませんでした。朝廷に大金を仲介料として支払い、ようやく事を収められたのです。激怒した信長が佐久間信盛父子の所領を没収の上、織田家中から追放、クビにしたことは世間の語り草となりました。

織田家では信長の意向が絶対でした。「石山本願寺攻め」の約1年前、天正3年（1575年）9月、信長は柴田勝家に49万石の「越前国八郡」を与えると同時に、織田家家臣としての領地経営の心得などを記した『九ヵ条の掟書（掟条々）』も渡しています。

これによると信長は柴田に、「私の言っていることに心では『無理非法の儀（＝ムチャを強要されている）』と考えているにもかかわらず、その場かぎりの『巧言（＝おべんちゃら）』で誤魔化してはならない」と命令しています（太田牛一『信長公記』、括弧内は筆者の補足）。不満があれば伝えなさい、処遇をちゃんと考えてあげるから、とも信長は言うのですが、その後に**「私を敬いなさい」「私に足を向けるな」**などの文面が続くので、実質的な厳命ではありました。

こういう信長に、柴田のような名門出身の武士たちほどスムーズに順応していたのは意外というしかありませんね。

職人の給料を25%ピンはねした明智光秀

信長の悪業として「延暦寺の焼き討ち」は有名です。しかし、その焼き討ち計画の主要担当者の一人があの**明智光秀**であり、延暦寺攻略に反対どころか、大いに乗り気であったことが史料からは判明してしまっています。

明智がやる気を見せた理由は、計画成功の暁に大幅な増収が約束されていたからでした。延暦寺の収入だけでも、13万石ほどある丹波国＋寺領を合わせれば26万石が信長から与えられる目論見になっていたのです。信長が決めた通り、26万石のうち取り立てる年貢を3分の1としても、**約130億円**。信長は明智にハードワークを課していましたが、支払いに関してはむしろ厚遇していたといえるでしょう。

丹波国の領主となれたことは、彼には大きな喜びだったようです。明智はさっそく自身の居城として亀山城を築かせました。地元の豪族たちから派遣させた110人の作業員には、20日ぶんの食料として米13・7石を支給したといいます。

しかし、この工事現場は支払い面で問題がありました。1日あたりの支給米は6合ほどで、これは8合支給が相場だった戦国時代の賃金相場を**25%**も下回る低ギャラだったのです。明智は、本人は大幅に増収したはずなのに、彼の城を築いてくれている者たちを買い叩きました。創作物で彼の人柄は美化されがちですが、史実の明智の腹黒さが反映された金遣いですね。

明智が受けたパワハラ逸話の真偽

ピンはねを信長に知られたら、殴る蹴るの叱責を受けたかもしれません。しかし、それは考えすぎです。信長が明智に行ったとされるパワハラ・モラハラの逸話は多い一方、真実味があるものは実はひとつだけ。ポルトガル人宣教師ルイス・フロイスによる証言です。「本能寺の変」の約1カ月前にあたる天正10年（1582年）5月、徳川家康が信長のもとを訪れました。この時に接待を担当したのが明智だったのですが、準備の際、信長と明智との間に諍《いさか》いがあったそうです（ルイス・フロイス『日本史』）。

フロイスが聞いた噂によると、「信長はある密室において明智と語っていたが（略）、人々が語るところによれば、彼の好みに合わぬ要件で、明智が言葉を返すと、信長は立ち上がり、怒りをこめ、一度か二度、明智を足蹴にした」のだそうです。

しかし、この噂も「本能寺の変」の直後、明智が世間の同情を買うために広めたものだといわれています。ちなみに江戸時代以降、信長には〝モラハラ・パワハラ上司〟のキャラが定着してしまいますが、彼が家臣たちに暴力を振るった形跡は、同時代の信頼できる史料には見当たらないのが実情です。

丹波国への愛着が深い明智に、信長が国替えを匂わせたことで反感を抱かれ、それが「本能寺の変」につながった……とする説もありますが、江戸時代の創作物『明智軍記』が出典なので、史実性は低いでしょう。

ただ、こうした逸話にも、ある意味では示唆的な部分があります。信長が得意とした領地経営とは異なり、人の心の取り扱いは数字だけで割り切れるものではありません。原因はいまだ解明されていないにせよ、信長は明智という家臣の待遇を誤ったがゆえ、「本能寺の変」で討たれてしまった。それだけは動かしようのない真実だからです。

『学問のすゝめ』で22億売り上げた福沢諭吉

昭和59年（1984年）から1万円札の〝顔〟だった**福沢諭吉**。日本近代を代表する啓蒙思想家であり、慶應義塾大学の設立者としても有名な人物ですが、『学問のすゝめ』が歴史的なヒットを記録し、凄まじい富豪になっていたことはご存じでしょうか。

『学問のすゝめ』累計340万部のヒット

『学問のすゝめ』は全17編で構成されており、明治5年（1872年）から明治9年（1876年）まで、段階的に刊行されていきました。

「天は人の上に人を造らず、人の下に人を造らず」の冒頭が有名な『学問のすゝめ』ですが、オリジナルでは「人の下に人を造らず云へり」。「**『すべての人間は平等だ』といわれてはいるが、本当は違いがある。それは学問をする優れた人と、学問をしない愚か者だ**」というのが福沢の真の趣旨であり、向上心が強い明治人たちの心を掴んで歴史的なベストセラーとなりました。

「毎編凡そ二十万とするも十七編合して三百四十万冊」は売れたと、福沢は証言しています。この340万冊の売り上げは、どれほどのものだったのでしょうか？

『学問のすゝめ』の価格は、1編あたり3銭3里（1銭＝10里）。当時の1銭＝現代の200円とすると、1編が660円です。販売部数が340万冊だとすると、なんと現代の**22億4400万円**にもなります。

さらに、既刊の全17編をまとめて装丁した愛蔵用の「合本」も発売されました。これが「定価七十五銭」。現在、文庫本では1冊1000円もしない『学問のすゝめ』ですが、明治の価格では1万5000円……。合本版も多くの読者が買ってくれたのではないかと考えられるので、最終的には22億円の売り上げに、何億円ぶんもプラスされていたとしてもおかしくはないでしょう。

実は『学問のすゝめ』は、福沢の弟子にあたる小幡《おばた》篤次郎《とくじろう》との共著として売り出された本です。福沢個人の取り分はどれほどだったかはわからないところもありますが、億単位の収入にはなったのではないでしょうか。そんな資金力があったからこそ、個人で大学を作ってしまおう、という画期的な発想が生まれたのだと感じられます。

著作権を根付かせた福沢

本を売り、著者がしっかり儲けるための仕組みを日本にも根付かせることにも、福沢は意識を働かせています。たとえば、福沢はこの本を自分の版元から出版させました。

ご存じの方も多いでしょうが、原稿料だけで生計を立てることができた最初の日本人作家は江戸時代後期の曲亭（滝沢）馬琴で、それ以前の作家には原稿料が支払われることも稀でした。日本では馬琴以前に作家業と呼べる仕事はなく、執筆はほかに収入を得る手段のある人が行う趣味の一種として長い間考えられていたのです。そのため、明治初期になっても多くの版元では書き手への支払いがルーズになりがちでした。福沢が『学問のすゝめ』を自費出版したのは、そのあたりの理由でしょう。

また、明治時代初期の日本の出版界には著作権の概念がなく、人気が出た本の「偽版《ぎばん》（＝海賊版）」が勝手に誰かの手によって刷られ、売り出されることも多々ありました。福沢はこの悪習とも戦い、結果として日本にも「著作権を守ろう」という意識が根付いていくことになります。

ちなみに福沢と同時代を生きた、〝明治の文豪〟の代表格・夏目漱石の生涯実売部数……

つまり、漱石が発表したすべての著作が存命中にどれくらいの部数売れていたのかといえば、実は10万部にも満たなかったとされています。

漱石のようないわゆる〝純文学〟作品と、自己啓発モノの走りといえる福沢の『学問のすゝめ』の比較自体がヤボですが、それほどイレギュラーな大ヒットを記録した書物だったと納得いただけるでしょう。やはりお札の〝顔〟になるような人は、金運があるのだろうなどと思ってしまいます。

斬新すぎる絵画で8000億の富を築いたピカソ

20世紀前半の美術界におけるスーパースターは、間違いなく**パブロ・ピカソ**でしょう。彼は一人の美術作家にもかかわらず、実業家顔負けの資産を誇っていました。1973年に91歳で亡くなった彼の遺産総額は推定で11億5000万～12億5000万フランほど。『日本長期統計総覧』第3巻によると1973年の1フラン＝約59・60円なので、**685億～745億円**に相当します。

その額だけでも凄いのですが、彼の遺産には4万点以上の自作が含まれ、その価値は上がる一方でした。美術市場には「有名作家が死ぬと、その作品の評価額は上昇する」というルールがあります。それゆえ、ピカソの遺産の真の評価額たるや**4000億円**、いや、**8000億円**はあると指摘する研究者もいます。

この記録によって、ピカソは「人類史上もっとも経済的に成功した芸術家」と呼ばれるようになりました。1910年頃に人気作家の仲間入りをして、亡くなるまでの63年間で8000億円を稼いだと考えれば、単純計算で平均年収**約127億円**！

実際は紆余曲折あったにせよ、ピカソがこれほどまでに莫大な財産を築けた理由としては、20世紀初頭の芸術市場の動向と彼の作風がマッチしていた点があげられます。

斬新な画風で億万長者に

ピカソはその生涯で大きな画風の転換を何度も見せました。アフリカ美術に影響を受けた独創的な『アビニョンの娘たち』で有名になり、その後「誰も見たことのない絵を描いてみせる」と取り組んだ「キュビズム」の時代を迎えます。

20世紀初頭のパリで、高値がつく絵画の条件は〝新しさ〟です。今見ても斬新な彼の絵の価格は跳ね上がっていきました。美術愛好家より、美術作品を転売して儲けようという投資家に好かれる画家だったことが、ピカソに高い収入をもたらしました。

1905年、当時アトリエで絵画をお客に直接販売していたピカソは、デッサン1枚を50フランで売っています。1フランは現代の日本円にして1500円くらいに相当しますから、ピカソのデッサン1枚は**7万5000円**になります。

ちなみに20世紀初頭の1フランは、当時のフランス国内で「労働者階級のランチ1食ぶん」に該当する額だとされます。1500円が1食と思うと高く感じるかもしれませんが、これは当時のフランス人が食に贅沢だったからではなく、モノの値段が高く、貧しい労働者ほど収入の大半を食費に費やすしかない……つまり〝エンゲル係数が高い〟状態だったからです。しかし考えようによっては、この頃なら〝わずか〟50日ぶんのランチ代でピカソの作品が買えたのですから、羨ましくもありますね。

名画商**ダニエル＝アンリ・カーンワイラー**との出会いが、ピカソをさらに裕福にしていきました。1910年12月、ピカソはカーンワイラーと当初3年間の独占契約を結び、デッサン1枚を100フランで買い取ってもらえるようになりました。単純計算で収入は倍になったわけです。ピカソは当時から超多作家でしたから、かなり儲けられたでしょう。

なお、この時のカーンワイラーとの契約では、グワッシュ（不透明水彩絵の具）を使った作品が1枚200フラン（＝**30万円**）、大きなキャンバスに描かれた油彩画が1枚あたり最大3000フラン（＝**450万円**）で買い取ってもらえることになっていました。しかし、カーンワイラーは買い取り価格の10倍で世界中の顧客にピカソの作品を売りさばいており、ピカソ本人以上に儲けていたようです。

参考までに、2022年現在のピカソの油彩画の相場は1枚あたり**数億～数百億円**、デッサンも1枚あたり**100万～数百万円**は下らないと思われます。約100年前にカーンワイラーが投資家たちに販売していた価格の、さらに10～100倍程度に値上がりしたようですね。

ピカソが愛した女性たち

金持ちになったピカソは、37歳の時に10歳下の**オルガ・コクローヴァ**と結婚しました。彼女はロシア貴族の血を引くバレリーナで、ピカソに「これからは私の顔がはっきりとわかる絵を描いて」と頼んだという伝説があります。実際、このブルジョワ趣味の女性との結婚によって作風が大きく転換し、ピカソにしてはかなり保守的な画風の「新古典主義」の時代が始まるのでした。

しかし、伝統的な価値を重んじるオルガと、野獣のような情熱を抱えたピカソとの結婚生活はすぐにうまくいかなくなり、両者は別居します。その間、ピカソは恋人を何人も作り、愛する女性を変えては作風も変化させる奔放な恋愛生活を続けました。

ピカソがオルガと絶対に離婚しようとしなかったのは、ひとつに財産を守るためです。とくに、裁判離婚は避けようとしていました。個人交渉の結果ではなく裁判離婚をした場合、自分の財産をオルガと2分割せねばならなくなります。そこで、彼女が亡くなるのをただ待つことにしたのでしょう。

1955年、哀れなオルガが亡くなって自由を得たピカソは、恋人たちの中から誰を新妻にするかを吟味《ぎんみ》します。そして79歳のピカソと結婚したのが、ヴァロリスの町の陶房で働いていた、45歳年下の**ジャクリーヌ・ロック**でした。

ピカソは晩年、フランス国内に城を3つも所有しており、最期の日を迎えたのもノートル・ダム・ド・ヴィという敷地面積14ヘクタールもある古城でした。

91歳を過ぎてもなお、旺盛な制作意欲があったピカソですが、1973年4月8日、床に倒れて苦しんでいる姿を妻ジャクリーヌによって発見され、医師の到着を待たずに亡くなってしまいました。奇しくもその前日、晩餐の席でピカソが「**私のために、私の健康のために飲んでくれ**。**知っているだろう、私はもう飲めないんだ**」と、いつになく弱気なことを言っていたそうです。そんな矢先の出来事に、ピカソを心から尊敬し、愛していたジャクリーヌは大きな衝撃を受けました。

混乱の中で、ピカソの遺産の相続劇が始まります。ジャクリーヌはピカソの巨額の資産のうち3割を相続しましたが、それは未亡人となった彼女の心の喪失感を埋めませんでした。ピカソの死から約13年後、ジャクリーヌはノートル・ダム・ド・ヴィの城でピストル自殺を遂げています。

貴族に貢がれ不労所得の旨味を知ったベートーヴェン

クラシックの大作曲家たちの中でもとくに人気が高く、「楽聖」とも讃えられる**ルートヴィヒ・ヴァン・ベートーヴェン**。そのギャラ相場は、当時としてはかなり高額でした。彼が金にうるさい人物だったこともあるでしょう。

上位5%の遺産総額

ベートーヴェンの遺産総額は1万グルデンにも上りました。インフレが激しかった19世紀はじめの1グルデン＝現代日本の1万円（西原稔『ベートーヴェンの生きた社会と音楽』によるレート）と仮定した場合、1億円ほどに相当するでしょうか。これは、彼が亡くなった1827年のウィーンの遺産額のトップ5％に入る数字でした。この遺産総額から推定すれば、ベートーヴェンの年収は**数千万円以上**あったと考えられるのです。

現代の売れっ子ミュージシャンなら十分にありえる数字でしょうが、ベートーヴェンの時代には著作権の概念がなく、印税収入もありません。また、当時の音楽家が稼ぐ方法といえば、音楽好きの君主の宮廷に仕え、宮廷音楽家たちの最高職である楽師長を目指すのが王道。その場合は、1000グルデン（＝約1000万円）程度の年収も期待できました。つらい〝宮仕え〟を一切していないベートーヴェンが、宮廷音楽家と同額かそれ以上の収入を〝不屈の意志〟で勝ち取っていたのは凄いことです。

裕福とはいえない家庭の出身者でありながら、最終的にはハプスブルク家を頂点に構成されるウィーンの収入ピラミッドのトップ5％に食い込んでしまったベートーヴェン。その〝銭ゲバ〟人生を見ていきましょう。

1770年生まれのベートーヴェンは、幼少時代から「モーツァルトの再来」と謳われ、情熱的なピアノ演奏で有名になりました。現代のクラシックのピアニストが演奏会で自作を演奏することは稀ですが、当時のピアニストは作曲家も兼ねているケースが多く、自作を意欲的に披露しました。生まれ故郷であるドイツのボンから音楽の都・ウィーンに移住して約4年後の1796年頃、ベートーヴェンは天才作曲家としての名声を早くも確立したのです。

「第九」の作曲費用

ピアノのための楽曲のほか、ベートーヴェンは交響曲でも高い評価を得ています。交響曲は当時高い人気のあるジャンルで、オペラに次いで儲けが期待できました。ベートーヴェンは生涯に9曲の交響曲を完成させ、そのいずれもが彼の代表作です。交響曲の第1番が書かれたのが、1799年から1800年にかけてでした。

ベートーヴェンの交響曲第1番の作曲費用は90フローリンでした。当時のウィーンはヨーロッパでも有数の国際都市であり、さまざまな国発祥の貨幣が流通していました。19世紀初頭の1フローリン＝1グルデン＝現代日本の1万円として計算した場合、若き天才と呼ばれていた頃のベートーヴェンに支払われた交響曲の作曲費用は**90万円**ほどだったとわかりますね。

この交響曲第1番の平均的な演奏時間は25～30分でした。曲の長さや曲の規模、そして作曲家の名声などに比例して作曲費用は増大していくものです。

それならば、1824年に完成したベートーヴェンの最後の交響曲にして、最大の規模、最長の演奏時間を誇る第9番……いわゆる「第九」の作曲費用はどれくらいだったのでしょうか。

これも記録が残されており、600フローリン（＝600万円）だったそうです。さすがは、平均演奏時間70分前後、4人の独唱歌手、男女の混声合唱団、そしてフルオーケストラを必要とし、当時の交響曲の概念をうちやぶった作品ですね。作曲費用は、第1番の交響曲の6・7倍にまで膨れ上がっています。


この頃、交響曲のような、作曲に膨大な手間暇が必要な作品を、作曲家が自発的に書き始めることは稀でした。楽譜出版社から話を持ちかけられ、その上で執筆が行われるのが普通だったのです。

ですから当時、作曲家にとって第一の支払い手は出版社でした。彼らに楽譜の出版を許すことで作曲費用の支払いを受けられるのですが、当時は「買い取り契約」ばかりです。もし楽譜が売れて増刷しても、作曲者に印税収入はありません。

しかしベートーヴェンの時代は、良い曲を書けば正当な手段で2回、金に換えることができました。音楽マニアの大貴族やブルジョワに楽曲の献呈を行うという習慣があり、献呈された側はある一定期間、その曲を上演する演奏会を主催して稼ぐ権利を得る代わりに献呈料を作曲家に支払いました。献呈料にはかなり高額の現金、もしくはそれに類する貴金属類などを与えるとする不文律があったのです。

クラシック音楽の楽譜には「〇〇男爵夫人に捧げる」などの文字を目にする機会が多いのですが、あれはパトロンへの敬意を示すだけでなく、金と引き換えにこの曲の使用権を彼らに与えたよ、と示す証拠なのです。

ベートーヴェンは「第九」をプロイセンの国王に献呈し、国王からは指輪が贈られてきました。プロの鑑定士による評価額は300グルデン（＝**300万円**）となりましたが、ベートーヴェンは**「安すぎる！」**と激怒したそうです。これは晩年のベートーヴェンが高収入に慣れきってしまっており、金銭感覚が世間とはズレていたことを示す逸話ともいえるでしょう。

不労所得の旨味を知る

ベートーヴェンはヨーロッパ中の貴族や王族をパトロンに持ち、献呈以外でも、彼らから「年金」という形で支援を受けていました。有名なのは1808年、ウィーンで暮らしていたベートーヴェンが、ドイツのカッセルの宮廷から仕官のオファーを受けた時の逸話です。ウィーンの貴族たちは彼を引き止めるために年金を支払うと言いだし、その額がなんと、年間4000グルデン（＝約4000万円）でした。

ベートーヴェンの後輩にあたり、同時代のウィーンで生きたシューベルトによると、当時の物価は「レストランでちょっと上等な食事を取ろうと思えば、1回で1グルデン」、「家具つきの下宿で部屋を借りたら月10グルデン」。ウィーンに定住している〝だけ〟で、4000グルデンも毎年もらえる年金は実に美味しいものでした。これに加えて出版社からの作曲依頼を手堅くこなし、献呈も行い、コンサートを開催して稼げれば、本当に音楽家業務だけで何千万円相当の年収も可能だったでしょう。

ただ、この幸運は長くは続きませんでした。年金の支払いが始まった直後から1815年にかけ、ナポレオン率いるフランスとほかのヨーロッパ諸国との戦争が激化。経済は暗黒のインフレ期に突入し、ベートーヴェンの手元にあった札束の価値は紙切れ同然になってしまったのです。

しかし、この「ナポレオン戦争」終結後にチャンスは訪れます。これからのヨーロッパのあり方について各国の君主や貴族たちが集って話し合った1815年の「ウィーン会議」

では、余興として多くの演奏会が催されました。
ここで運よく稼げたベートーヴェンは、そのギャラから4000グルデンを投入して8本の株式を購入し、株式投資を始めたのでした。彼に商才はなかったそうですが、幸運なことに1820年代には景気は回復、株価も上昇し、毎年400グルデン（＝**400万円**）もの利息・配当金も受け取れるようになります。これは、それなりの役人の年収にも相当する額だったそうです。

天才とはいえ、音楽家人生には浮き沈みがあるものです。貴族から多額の年金を受け取ったことで不労所得の旨味を知ってしまったベートーヴェンは、株式投資との「運命」的な出会いを果たし、芸術の神だけでなく金運の神からも愛される生涯を送ったのでした。

Column

ロスチャイルド家が嘘をついて得た金額

世界的大富豪・ロスチャイルド家が成り上がったきっかけは、実に悪質な嘘だったとする〝伝説〟があります。

ロンドンの中心部にある金融街・通称「シティー」の一角に暮らす**ネイサン・メイアー・ロスチャイルド**の〝勝負の月〟は1815年6月でした。

当時は「ナポレオン戦争」の末期にあたり、ヨーロッパ大陸の各地で戦が巻き起こりました。最後に笑うのはやはりフランス皇帝ナポレオン・ボナパルトなのか、あるいは反ナポレオンで結束したイギリス、オランダ、プロイセン、オーストリアなどの連合国軍なのか……。人々は固唾《かたず》を呑んで行く末を見守っていたのです。

衰えたとはいえ、戦争の天才と謳われたナポレオンの底力はバカにはできず、現在のベルギーの地で両陣営の睨み合いは続いていました。ついに戦が始まったのが6月16日。のちに「ワーテルローの戦い」とイギリス側の司令官・ウェリントン公爵によって命名されたこの戦は、ヨーロッパの命運を決定づけることになります。

開戦当初、ナポレオン軍の勢いは想像以上に強く、イギリスが主要な役割をこなす連合国軍は押され、イギリス国債などの値段は下落傾向にありました。

しかし、ネイサンはイギリス国債などの政府関連証券を大量に仕入れ続けました。戦争のあらゆる場面はビジネスチャンスに変わります。「ナポレオンが強いのは今だけで、最後には連合国軍が盛り返し、ナポレオンを打ち負かすに違いない……イギリスをはじめとする連合国軍が勝てば、これら政府関連証券の値段は高騰するはずだ」。ネイサンはそう判断していました。

大いなる賭けでしたが、ネイサンに幸運の女神が微笑みます。「6月18日、ナポレオンの敗北が決定した」という知らせがロンドンのネイサンに届いたのが、6月20日の夜明け前のこと。政府より、24時間以上も早い情報の到着です。19世紀当時のロスチャイルド家の面々はヨーロッパ各地にちらばり、正確な情報を実にさまざまな手段で政府よりも早く手に入れられる工夫をめぐらせていたのです。

これにより、ネイサンが買い込んできたイギリス国債の値段は火柱のように高騰し、彼が大金持ちになれることが確定しました。しかし、彼はそれだけで満足などしなかったのです。ロスチャイルド一族の中でもお金に対するセンス、金儲けの才能で頭抜けていたネイサンの脳裏に、悪魔のような閃《ひらめ》きが走りました。

朝9時のロンドンの証券取引所の開場すぐ、顔面蒼白のネイサンが現れました。しかも彼はイギリスの国債を売りさばいている様子です。

ロンドン中の経済人は、ロスチャイルド家のネイサンがイギリス政府よりも早く重要情報を手に入れているのを知っています。「これはナポレオンが勝利したのだ」と早合点した彼らは、「ネイサンに続け！」と少しでも値崩れする前にイギリス国債を売ってしまおうと証券取引所に押し寄せました。

ネイサンの名演技に騙された哀れな投資家のおかげで、イギリス国債の値段はさらに下がりました。ネイサンは配下の者を使って、それらの国債を全力で買い占めに回ります。ほかにも値下がりした政府関連証券を買い足し、証券取引所における上場商品の6割以上をネイサンは手中に収めてしまいました。

ナポレオン敗北のニュースが入ったのが翌21日の午後。ネイサンの小芝居で暴落したイギリス国債などはすべて暴騰に転じ、その6割以上を手にしていたネイサンの総資産は、1日で**2500倍**にも膨れ上がったのです。

この1日でネイサンが得た利益は、なんと100万ポンド以上！　19世紀初頭の1ポンドが現代日本の貨幣価値で数万円程度だといわれているので、**数百億円**もの増益でした。ネイサンのせいでイギリス中が破産する人々で溢れましたが、それはまた別の話です。

——さすがにこれは〝伝説〟であり、ネイサンはナポレオン戦争末期に巨額の財を成したが、ここまで悪辣《あくらつ》なことはしなかったという研究者もいます。ただ、大金儲けのチャンスの前には人間の脳裏から善悪の概念など吹き飛んでしまう、その瞬間を実に雄弁に語っているため、筆者にはこの逸話の真実性は疑えないように思われるのです。

第5章

偉人の金銭トラブル

人件費をケチりすぎて謀反された前田利家

現代では高い人気を誇るけれど、生前はそこまで支持されていなかった偉人は案外いるようです。豊臣秀吉には親友として、そして忠実な部下として誠意を尽くした**前田利家**も、家臣や家族たちからは「ケチ」という理由で白眼視されていたと思われます。

〝派遣社員〟に行政を丸投げ

豊臣秀吉の政治活動を支えるべく、身も蓋もない集金活動に勤しんでいた頃の利家には、最大で80万石ほどの領地が与えられていました。しかし、越中40万石は嫡男・利長、また能登20万石は次男・利政に与えており、利家自身は20万石でなんとかせねばなりません。1万石以上の石高を与えた家臣もチラホラおり、20万石のうち6％ほどが家老に費やされていたといいます。

行政関係はすべて武士たちに任せるのが通例でしたが、それではお金が足りなくなるので、利家は有力な農民42名を雇って「すべて地下のこと肝煎《きもい》りすべし（＝庶民の間のことは、君たちに任せるから励みなさい)」と命じ、いわば臨時雇いの〝派遣社員〟たちに丸投げするなど露骨な出費対策を始めます。

〝正社員〟の家臣の雇用も完全に滞るようになっていきます。「人手が足りない」と文句を言いながらも新しい社員の雇用だけは絶対にしない、現代のケチ経営者と同じようなニオイがしますが、やはり利家に反旗を翻《ひるがえ》す家臣も現れました。しかも、それは利家にとっては織田信長に仕えていた時からの仲間である佐々成政《さっさなりまさ》でした。

佐々軍1万5000人に能登末森城《すえもり》を取り囲まれ、利家は焦ります。家臣の雇用をケチってきたツケで城には1500人しかおらず、利家の居城だった金沢城にも2500人しかいない中から1000人を割り振って派遣、本当に2500人の〝気合い〟だけで、兵数6倍以上の佐々軍を撃退することができたそうです。

しかし利家は未曾有《みぞう》の危機を招いたドケチぶりを悔い改めるどころか、「人間死ぬ気でやればなんとかなる」的に、「かつて私は、佐々軍2万人を3000人で討ち果たしたのだよ」と微妙に数字を盛った〝美談〟にすべてを脳内変換しており、次男・利政は「オヤジの自慢話を何度も聞かされた」と証言しています。

年始の挨拶に8万円払わせる

文禄元年（1592年）、秀吉の「朝鮮出兵」こと「文禄の役」が始まると、前田家は現代でいう100億円以上もの費用を負担し、バカげた戦に協力したようです。家中の財政は火の車となりました。しかしさらなる献金で秀吉を喜ばせたい利家は、文禄3年（1594年）の正月、「私への年始の挨拶には『礼銭』を支払うように」と言いだしました。地位に応じて200文〜1貫文に設定された〝お年玉〟を、家臣にねだったのです。

現代日本の貨幣価値に換算すると、戦国時代後期の1文＝80円、1貫文＝8万円に相当します。よって**1万6000〜8万円**の負担でしたが、仮病を使って挨拶にこない家臣もいました。

利家は「**200文を惜しんで年賀の挨拶にこないとはけしからん**」と家臣の薄情さを嘆いたそうですが、握手会にファンが集まらなくなったアイドルのような口ぶりで、なんだか笑ってしまいます。

なおこの頃の前田家では、節約の証として、和紙で作られた「紙子《かみこ》」の衣装の着用が家臣たちに求められていました。真冬の1月の話ですから、こちらは正直、笑えない話です。

秀吉のATMだった伊達政宗

戦国時代の中でも極めて裕福だった〝富豪武将〟の一人が**伊達政宗**です。しかし、政宗は金に苦労した武将でもありました。なぜなら豊臣秀吉によってその豊富な財力をアテにされてしまい、事あるごとに搾り取られたからです。

秀吉は金塊だけで金9万枚、銀16万枚、評価額にして２５０万両を大坂城内に貯めこんでいたといわれますが、その一部は政宗からの献金であり、彼の涙の結晶だったことは知られざる事実です。

かつては秀吉からの臣従の命を無視してきた政宗が、（一説に）死装束をまとい、小田原の秀吉の前に現れたのが天正18年（１５９０年）夏です。秀吉は当時、後北条家を討つべく、小田原周辺に陣を構えていました。この時、秀吉の心を動かしたのは死をも覚悟で現れた政宗の気概、そして彼が「ご挨拶」として持ってきた金塊でした。

その場は丸く収まったものの、秀吉は何かあるたびに、忠誠心を試すような形で多額の出費を強いるようになりました。政宗は秀吉から、引き出し自由のATMのような扱いを受けるようになってしまったのです。

秀吉晩年の愚行として知られる「朝鮮出兵」こと「文禄・慶長の役」にも、政宗は数千人規模のボランティア出兵を命じられています。兵士たちの食費だけを考えても、負担額は凄まじいものでした。仮に伊達軍が3000人で、出兵期間が2年とすると、それだけで1万3000石あまりの出費になってしまったのです。1万石＝15億円として換算した場合、現代の貨幣価値にして**約20億円**もの負担であり、武器などの必要経費も入れれば、さらに4、5億円の出費がかさんだと考えられます。

理不尽なまでの献身を強いられても、秀吉からは謀反の嫌疑をかけられ続けるなどつらく当たられるのが政宗の常でした。そもそも、秀吉のねらいはリッチな伊達家の取り潰しだったのでしょうが。

資金援助してくれた徳川方へ寝返り

政宗が「関ヶ原の戦い」（慶長5年、1600年）で豊臣方を見限り、徳川方について戦った理由も、秀吉の守銭奴ぶりに辟易《へきえき》してしまっていたからかもしれません。

徳川家康はつらい立場にいた政宗に、「銀100貫」を融資しています。家康はほかの豊臣方の大名たちにも救いの手を差しのべており、彼らの多くが「関ヶ原の戦い」で徳川方につきました。「人心掌握の名手」と聞いて豊臣秀吉を思い出す方が多いでしょうが、家康も負けてはいません。

金の貸し借りは昔から信用問題です。融資を重ねて、相手の心をも掌握していく……それが家康の恐るべき〝人たらし〟のテクニックだったのでしょう。そうして家康に物心ともに掌握された中に、かつては「奥州の覇者」と呼ばれた伊達政宗も含まれていたのです。世間でいう〝金の切れ目が縁の切れ目〟とは立場が逆ですが、豊臣家を見限った政宗は徳川につきました。

「関ヶ原の戦い」の後も、徳川家との協力関係は想像以上にうまくいき、伊達家の財力も復活を遂げました。人口が激増する江戸の街で領内の余剰米を売った政宗は、毎年12万5000貫文（＝**約50億円**）もの現金収入を得られるようになります（橋場日月『戦国武将に学ぶ「必勝マネー術」』）。伊達家の徳川家への忠誠心は、幕末まで変わることなく続きました。

処刑人のギャラを踏み倒して処刑されたルイ16世

かつてのフランスには、処刑人になるという呪われた運命を背負わされた一族、サンソン家がありました。

人の命を奪う技術は救命にも応用できるため、一族の当主は医師としての活動も行うようになります。サンソン家の診療所には、良質な医療を求める王侯貴族や金持ちの患者が押しかけてきました。そこで、「富める者からは高い治療費を取り、貧しい病人の治療費は無料」とする方針が打ち立てられます。

18世紀後半、そんなサンソン家当主の座についた**シャルル・アンリ・サンソン**は、外見も振る舞いも貴族のようだと評されました。古くは忌み嫌われた存在でしかなかった処刑人が、徳の高い偉人のように崇《あが》められたのです。

当時は残酷な処刑を公衆の面前に晒し、見せしめとする風習がありました。こういった風習に犯罪抑止力が期待されていたとする説もありますが、実際の効果は不明で、民衆たちは娯楽のひとつとして処刑を観覧していました。あざやかな太刀さばきで罪を犯した貴族の首を落とす処刑執行人の手際に、庶民たちは拍手喝采を送ります。一方、失敗が許されない処刑執行人のストレスはかなり大きかったようですね。

これらの条件を反映し、処刑執行人の報酬は高めに設定されていました。報酬は処刑法によって異なりましたが、当初は市場の商品を物納してもらう形で、年額3万～6万リーヴルにも相当しました（男子工場労働者の年収が400リーヴルの時代）。当時の1リーヴル＝現代日本円の450円として考えた場合、年額は**1350万～2700万円**。この額に医師業の収入も加算されたので、なかなか裕福だったことがわかります。また、任務遂行に必要な経費は、すべてフランス王家から支給されていたそうです。

処刑のギャラを踏み倒す

しかし1721年以降、乏しくなってきた国庫の事情を反映し、処刑執行人の年俸は1万6000リーヴル、その他経費は別払いという契約に切り替わり、サンソン一族の家計はジリ貧傾向になります。

ルイ16世の治世においてフランスの国庫はついに空っぽ同然となり、シャルル・アンリへの報酬支払いも滞る一方でした。完全無報酬の2年が過ぎ、フランス革命が勃発する直前の1789年4月、シャルル・アンリはルイ16世に面会します。支払いについて直訴しましたが、金欠を理由に断られてしまいました。

「王庫は処刑執行人に対して総額13万6000リーヴルの未払い金があった」（バーバラ・レヴィ／喜多迅鷹、喜多元子訳『パリの断頭台』）ので、国王が踏み倒した処刑人のギャラは**6120万円**。なお、労賃を基準に考えた場合は1リーヴル＝2000円くらいとされるので、ルイ16世のシャルル・アンリへの借金は**2億円以上**に膨れ上がっていたともいえます。

処刑執行にかかる経費はおろか、シャルル・アンリは自分の生活費も借金ですべて賄わねばならなくなっていました。そして何より処刑人への報酬の踏み倒しは、職業として殺人を行わねばならない者の苦しみを無視するかのような行為です。ルイ16世を許せない気持ちになってもおかしくはありません。

それでも、シャルル・アンリはルイ16世や王室への敬意を捨てることができませんでした。彼の価値観においてフランス国王は絶対の正義であり、処刑執行人とは国王が君臨するフランス王国の秩序と正義を守るための必要悪でしたから。

しかし時代の歯車は回り続け、予想もしなかった残酷な運命をシャルル・アンリに見せつけたのです。同1789年7月14日の「バスティーユ襲撃」後、あれよという間に王政は転覆し、かつての王族や貴族、そして旧・上流階級に癒着して甘い汁を吸ってきた者たちが次々に処刑されるようになりました。

革命政府は、シャルル・アンリに処刑執行人の職の続投を命じます。王政期と違うのは、処刑執行人のギャラの支払いが滞りなくなされるようになった点でした。ギロチンの導入も大きな変化といえたでしょう。

ボタンひとつで迅速かつ確実に処刑が行えるギロチンによって、この時期にシャルル・アンリが立ち会った現場だけでも、3000人もの首が落とされたそうです。その中には、王妃マリー・アントワネット、そして皮肉にも国王ルイ16世の首も含まれていました。

「陛下、最後の試練をお受け入れください」というシャルル・アンリの懇願に、ルイ16世は無言で応えました。国王は、自身が借金を踏み倒した男の手で首を落とされることになったのです。

大志を抱いて失敗したクラーク博士

偉人の評価は全世界で均一というわけではありません。農学者**ウィリアム・スミス・クラーク博士**などはその典型でしょう。日本では偉人とされるクラーク博士ですが、アメリカ本国では「詐欺師」と呼ばれたまま亡くなっています。

「お雇い外国人」の給料は？

マサチューセッツ農科大学の学長だったクラークに、明治新政府からオファーがあったのは明治時代初期のこと。その給料は当時の水準ではなかなかの高額で、月額300円（＝**300万円**）の契約になっていました。

ちなみにここで年収の話をしないのは、クラークが日本に滞在したのがわずか8カ月間だけだからです。大学教員に認められている長期休暇制度（サバティカル）を利用した滞在にすぎず、期間終了後はマサチューセッツ農科大学への復職が決まっていました。

日本側が彼に求めていたのは、具体的な教育上の成果より、〝マサチューセッツ農科大学学長のクラーク博士が、札幌農学校（のちの北海道大学）の栄えある「初代教頭」を務めた〟という既成事実作りの一点だった気もします。クラークは、新政府が苦しい懐の中から大枚を叩いて呼び寄せた「お雇い外国人」に分類されますが、やや特殊な立ち位置だったといえるでしょう。

クラークと同額の月給をもらっていたのは、駐日公使のアーネスト・サトウや、東京美術学校（のちの東京藝術大学美術学部）の中心人物だったアーネスト・フェノロサあたりです。工業関係の技術職の「お雇い外国人」たちはさらなる高給が約束されており、最高額はフランソワ・レオンス・ベルニの月額1000円（＝**1000万円！**）。この数字は、明治新政府の最高職だった太政大臣・三条実美《さねとみ》の月俸800円よりも高額でした。

ベルニは新政府が最重要視していた製鉄・造船技術のエキスパートであったにせよ、現代日本の大企業が、外国人CEOに何億円もの年収を支払っているのを思い浮かべてしまいます。

クラーク博士のその後

クラークがひとまずの仕事を終え、札幌農学校を去る時、馬上から見送りの学生たちに発せられたのが有名な「**Boys be ambitious!**（**少年よ、大志を抱け！**）」ですね。言葉の響きに人の心を捉えるキャッチーさがあり、新渡戸稲造や内村鑑三を発奮させたと伝えられています。

この名言のおかげで、クラークは現在でも日本人の多くにその名を知られる偉人となりました。しかし、実は「Boys be ambitious!」は英語圏における慣用表現のひとつで、クラーク本人のオリジナルとはいえません。それどころか、彼が本当に言ったか怪しい部分もある、ということはお伝えしておきましょう。

アメリカに帰国後のクラークが抱いた〝大志〟は、あまりにもお粗末なものでした。以前の職場に復帰したものの、マサチューセッツ農科大学の運営側と衝突してわずか約2年で辞任。その後は、汽船を学舎とし世界中を旅する「フローティング・カレッジ」（直訳で「漂う大学」）という実にアンビシャスな計画を発動させるものの、出資者が集まらずに頓挫《とんざ》。

その後は怪しげな人の誘いに乗って鉱山事業に手を出し、一時的には金持ちになります。しかしすぐに経営が悪化、親族や出資者たちからの借金返済はできぬまま会社は倒産し、親族からは訴えられ、「詐欺師」「山師」と蔑まれながら、クラークは心臓発作で亡くなったのでした。「少年よ、大志を抱け！」と日本を去ってからわずか9年後、まだ59歳でした。

さっぽろ羊ケ丘展望台のクラーク像
©west_/amanaimages

ピカソ家の相続トラブル

20世紀を代表する芸術家として旺盛な創作活動を続け、1973年に91歳で亡くなったパブロ・ピカソ。その遺産は評価額にして**総額4000億〜8000億円**もありました。しかし、なぜかピカソは遺産の分割割合について遺言しておらず、遺族たちは相続劇に苦しむことになります。

ピカソの子どもたち

当初ピカソが相続人として指定していたのは、2人目の妻**ジャクリーヌ・ロック**と、別の女性たちが生んだ4人の子どもです。子どもたちの顔ぶれを見ていきましょう。

1人目は1921年、最初の妻オルガとの間に生まれた長男**パウロ**です。れっきとした実子でありながら、ピカソの運転手として低賃金でこき使われていました。彼は仕事以外の場ではピカソとの面会もままならず、名実ともにピカソ家の使用人としての生涯を送りました。

2人目は1935年に生まれた長女**マヤ**。ピカソが「君の顔は面白い」などといってモデルにスカウトした、マリー・テレーズ・ワルテルとの間に生まれた子どもです。ピカソとマリー・テレーズは愛らしいマヤを溺愛して育てていました。しかし娘を出産後のマリー・テレーズが〝母親の顔〟しか見せなくなるとピカソは不満を抱き、彼女と別れました。その後もマヤだけはピカソとよく会い、確かな愛情を得られたようです。

3人目は1947年に生まれた次男**クロード**。フランソワーズ・ジローという画家志望だった女性の子どもです。そして1949年、フランソワーズとの間に生まれた次女**パロマ**が4人目になります。「ピカソを振った唯一の女」としてフランソワーズは有名ですが、彼女がピカソと別れて以降、クロードとパロマも父親とは疎遠になりました。

4人のピカソの子のうち、正式な結婚で生まれたのは長男のパウロだけで、あとは内縁の妻との間に生まれた非嫡出子です。内縁の妻と呼べるだけでも約10人の女性がいた中、そのうちの2人だけがピカソとの間に子どもを産んだことになります。

20世紀のフランスの法律では、正妻との子と非嫡出子で遺産の相続額に違いが出るはずでした。しかし、裁判所が審議中の1975年、長男パウロが病死してしまいます。長男パウロと、ピカソの2人目の妻ジャクリーヌの相続割合は同程度になるであろうと思われる中での悲劇でした。

6年を要した相続裁判

パウロとその家族はジャクリーヌを恨んでいたようです。パウロの息子で、ピカソにとっては初孫にあたる**パブリート**いわく、運転手としてのパウロの給料は、ピカソから手渡しで与えられていました。しかしパウロと彼の子どもたちがお金を取りにピカソの屋敷を訪ねると、門番は冷たく当たるのが常でした。ジャクリーヌがそう仕向けているとパウロ一家は信じていたようですが、ピカソもパウロを「バカ」呼ばわりしていたので、彼らに対する愛情は最初から薄かったのかもしれません。

それでも長男パウロが亡くなったのなら、初孫パブリートがピカソの相続人となるべきです。しかし、パブリートはピカソの死から約3カ月後に謎の自殺を遂げていました。

紆余曲折の末、未亡人ジャクリーヌが全体の3割、マヤ、クロード、パロマが1割ずつ。パブリートの妹弟、つまりピカソにとってはさらに年若い孫のマリーナとベルナールが2割ずつの割合で相続するべし、という裁判所の判決が下りました。この割合に沿い、現金、不動産、株式・債権、金塊、ピカソの芸術作品などが分割されることになります。

裁判の終結まで6年、費用は3000万ドル（＝**71億7000万円！**）もかかってしまったのには驚きしかありません。ピカソが妥当な遺産配分を書き残してくれていたら、相続人たちはこれほどストレスを募らせずに済みましたし、この手の裁判費用ほど無駄なものはありませんからね。

不遇の長男だったパウロ自身は貧困の中で早死にしたものの、彼の二人の子どもたちにはピカソの遺産の4割が与えられて大金持ちになりました。しかも、その額は彼らが憎んだジャクリーヌを超えています。これを天国のパウロが知ることができれば、少しは彼の溜飲《りゅういん》も下がるかもしれません。

第6章

偉人にまつわるアレコレの値段

ショパンのピアノレッスン、その料金は？

レッスンで時給10万円!?

現代でも「ピアノの詩人」と呼ばれる**フレデリック・ショパン**。その人気は高く、クラシック音楽に馴染みがない人からも、センチメンタルなメロディが愛されています。生前のショパンの人気はそれ以上で、ポーランドからパリにやってきてからの彼はかなり裕福な生活を送ることができました。

ショパンは若い頃から身体が弱く、体力にも欠けていました。そのため、同世代でライバルだった**フランツ・リスト**に比べると、ピアノから大きく輝かしい音を引き出せません。リストのようにヨーロッパ中を歴訪し、大きなホールを満員にして行うコンサートツアーも、ショパンには夢のまた夢。しかし、サロンに置かれたピアノの鍵盤に繊細なタッチで触れ、小さくても夢見るような音色を引き出す彼の姿に、社交界の女性たちは惹きつけられてしまいます。上流階級のマダムや令嬢たちからの「ピアノを教えてほしい」という依頼は引きも切らず、ショパンは毎日多くのレッスンをこなしました。

ショパンのレッスンはプロ並みの実力を持つ上級者が対象で、1回20フランもしました。一人あたりのレッスン時間は1時間ほど。19世紀の1フラン＝約1000円なので、ショパンの時給は**約2万円**です。半日で5～6人もの生徒を見るのが通常でしたから、毎日のレッスンだけで10万～12万円の収入が期待できました。単純計算で、1カ月あたり**約300万円**も儲かったことになります。

なお、労賃を基準にすると、19世紀初頭の1フランは20世紀末の相場で5000円前後に相当するとの説もあります。これによるとショパンは**時給10万円超え**になってしまうのですが、実はこちらのほうが当時のパリの感覚に近いでしょうね。

リストのライブチケット代は？

1837年に開催されたリストの演奏会では、チケット1枚が40フランの高値だったという記録があります。1フラン＝1000円で計算すると**4万円**。現代日本の感覚でいうなら、「海外から人気アーティストが来日した時のライブのS席」くらいに相当する価格帯ですね。「高いけれど、仕方ない」と納得できる数字かもしれません。

しかし当時のフランスにおいて、40フランは肉体労働者のほぼ1カ月の収入に相当しています。社交界の紳士淑女にとってもこのチケットは〝法外な高額〟で、それだけでセンセーションを呼んでしまいました。


また、ショパンやリストと並び称せられた、スイス出身のジギスモント・タールベルクという人気ピアニストにも同様のエピソードがあります。1836年4月、彼はパリにおける最初のソロ演奏会を開き、大成功を収めました。この時の収益は1万フランで、これまた世間を驚かせたといいます。過去のフランスにおいて、いかなる名手でさえ一度の演奏会で得ることがなかったとされる数字でした。

1フラン＝1000円で計算すると、**1000万円**。一晩の収入としてはそれでも凄まじい金額ですが、労賃を基準とした1フラン＝5000円のレートで計算すると**5000万円**……。19世紀のヨーロッパの人気ピアニストは、超高収入が期待できる職業だったことがわかりますね。

ちなみに……フランツ・リストもショパンと同じようにピアノ教師として熱心に活動し、多くの弟子を育てました。現代でもリストの弟子筋にあたるピアニストが多く活動しているほどです。

しかし、貧しくても才能ある生徒に対し、リストのレッスン費用は**無料**でした。晩年、ブタペスト音楽院長を務めていた時代にそのボランティア精神はとくに顕著で、これには53歳の時、カトリックの下級聖職者の資格を取るほどだったリストの宗教心が影響していると考えられています。

松下村塾の授業料が無料だった理由

吉田松陰の引力に引き寄せられるかのように、幕末の日本史に名を残す偉人たちが集った伝説の私塾・松下村塾。

高杉晋作や久坂玄瑞《くさかげんずい》をツートップに、師匠思いの入江九一《くいち》(杉蔵)、努力型の天才だった吉田稔麿《としまろ》の4人が「松下村塾の四天王」でした。ほかにも初代内閣総理大臣にまで出世する伊藤博文、天才的な軍略家だったがゆえに「小ナポレオン」との異名を取り、日本大学の創始者になった山田顕義《あきよし》、さらには日露戦争を勝利に導き「軍神」と呼ばれた乃木希典《のぎまれすけ》なども学んでいました。

弁当も無料だった松下村塾

松陰が主宰した松下村塾は、現代人のわれわれが考える学校のイメージをすべて裏切るような独創的な場所だったことが知られています。

授業料は**無料**。それどころか、弁当を持ってこられない塾生がいたら、塾側から食事も無料で出されたといいます。それゆえ身分を問わず、さまざまな塾生が数多く集まりました。

当初、塾があったのは松陰の実家・杉家の座敷です。松陰は幼い頃、ここから吉田家へ養子に出されました。杉家は極貧です。藩からの固定給はなく、時々与えられる仕事に応じた薄給しかもらえない、まるで現代の派遣社員のような雇われ方をしていました。

運よく仕事があったところで、報酬は年額たった26石。幕末の1両＝1万円とする通常のレート計算では年収26万円、労賃レートにより1両＝10万円で計算しても年収260万円にしかならず、家族数が多い杉家の台所事情は厳しいものでした。よって塾生に提供する食事も、おにぎりと漬物だけで精一杯だったのです。

それでも授業料無料、食費まで無料を貫く私塾・松下村塾の運営姿勢は、**「目上の者は目下の者の言葉に常に耳を貸さねばならない」**という松陰の哲学が反映されたものです。貧しい者にも学ぶ機会を設けるのが自分の仕事である、と彼は考えていたようですね。

授業もかなり独創的でした。塾生たちにはすでに仕事をしている者も多かったので、くるのも帰るのも自由で、人が集まってきたら深夜早朝、時間を問わずに授業が始まるのが通例でした。時には塾生全員で山登りや水泳に行き、武芸の授業もありました。

松陰がとくに力を入れて教授した科目は地理と歴史だったそうです。彼は話がとても上手かったので、塾生は増える一方で、安政5年（1858年）には杉家の敷地内に離れの建物が増築されるほどになります。

青春の終わり

ところが、松下村塾が続いたのは約2年と少しだけの間だけでした。熱心な攘夷派だった松陰が「日米修好通商条約」の調印を行った老中の暗殺計画を進め、それを自ら長州藩に訴え出たことがきっかけで、彼の身は獄に繋がれたからです。

お騒がせタイプの天才だった松陰。彼が入獄するのはこれで2回目でしたが、幕府の要人暗殺計画を企てた罪は見逃されうるものではありませんでした。江戸まで引き立てられたあげく、形だけの審議を受けた末に、松陰は斬首刑に処せられてしまったのです。

松陰は獄中から高杉晋作に手紙を書いて「**死して不朽の見込みあらばいつでも死ぬべし。生きて大業の見込みあらばいつでも生くべし**」と訴えていました。死ぬにせよ生き続けるにせよ、国家のためにその身を捧げよ。そんな松陰のメッセージを受け取った塾生たちは、テロ活動にも身を投じることになったのです。

松下村塾は悲しい終わりを迎えました。しかし、わずかな期間だけでも塾に顔を出した者たちは、口を揃えるように松下村塾の楽しい思い出を語っています。それは塾での日々が、幕末の若者たちに許された短い青春だったからでしょう。

葬式でも経済を動かした岩崎弥太郎

近代日本のビジネスを牽引した大富豪・**岩崎弥太郎**は、その死においても豪快でした。

明治18年（1885年）2月7日、まだ50歳の岩崎に死が迫っていました。大名華族の柳沢家から買い取った六義園の別邸で胃ガンの闘病生活を送っていた岩崎ですが、自分の後継者を誰にするかなどの言葉をつぶやくことは一度もありませんでした。

同7日16時、岩崎の呼吸は一時停止し、医師にカンフル注射を打たれてなんとか息を吹き返します。18時、岩崎は母親や姉妹の名を大声で呼びつけると、集まった家族や会社幹部たちの前で「事業の相続者を長男の久弥にする」と告げました。

最後の力を振り絞ったのでしょう、「腹の中が裂けそうだ、もう何も言わん」と沈黙したのち、布団の中から医師団に一礼。右手を高く掲げながら亡くなるドラマティックな死に様を見せつけました。

驚愕の葬儀費用

世間が目を剥いたのは、岩崎の葬儀の豪華さです。13日の葬儀のために雇われた人夫《にんぷ》（＝アルバイト）の数はなんと**7万人**。当時の富裕層のお葬式で100人程度、多い時でも1000〜1500人程度が標準的でしたから、まさに岩崎家がケタ外れの葬儀を行おうとしていることが知れました。また、人夫には警視庁から〝借用〟した巡査数十名なども含まれていたそうです。

岩崎の葬儀は神式で行われました。明治のセレブリティの葬儀は神式が人気だったのです。祭主は出雲大社宮司にして、議員や東京府知事も歴任した千家尊福《せんげたかとみ》男爵で、式には政界の大物やビジネスエリートたち3万人が集いました。反・岩崎、反・三菱の先鋒だった渋沢栄一の姿すら見られ、岩崎弥太郎が〝経済の巨人〟だったことが肌身に染みてわかる式だったようです。

岩崎は生前、染井村にある公営墓地の敷地を買い占めていました。さらに埋葬用の土地だけでなく、墓を建設するための資材置き場として2000坪も買い増しされ、この土地にはのちに三菱社員専用墓が作られることになりました。

式の当日、駒込の岩崎邸から染井墓地にまで、壮麗な葬列が続いたそうです。染井の岩崎墓所では「埋葬式」が行われ、食事や菓子の大盤振る舞いがありました。

当時の新聞の報道は、会社によって数字がかなり異なります。「東京日日新聞」によると、会葬者に用意された食事は西洋料理・日本料理の立食式で6万人前。「東京横浜新聞」によると日本料理は3万人ぶんのお弁当、外国人の会葬者用には上野の精養軒に300人前の洋食が注文されました。さらにお菓子も6万人ぶんが用意されたそうです。

この菓子は会葬者だけでなく、集まってきた貧しい人々にも配られたようですね。もともと岩崎は、自邸周辺の貧しい人々にとつぜん大金を与えることがありました。葬儀の前、岩崎邸の周りにはひれ伏して最後の施しを待つ人々の姿まであったとか……。

そんな岩崎弥太郎のお葬式の予算は総額1万円。明治期の1円＝1万円として考えれば1億円ですが、当時の社会状況においては**10億円**相当だったと見る人もいます。「さすがは岩崎、死してなお自分の葬儀で経済を動かした」などと日本中の噂になりました。

不人気画家ゴッホの、唯一売れた絵の値段

「生前に売れた絵は1枚だけ、多くても数枚程度」という不人気画家だった**ヴィンセント・ヴァン・ゴッホ**。生前には買い手がつかなかった＝〝市場価値ゼロ〟だった『ひまわり』に、約100年後の日本で**58億円**もの値がつくなど、驚愕の価格上昇記録の持ち主です。

ゴッホが職業画家として活動したのは晩年のわずか10年だけ。しかし短い活動期間の中で、油彩画を約900点、デッサンを約1100点と、2000点あまりもの作品を残しました。

職業画家になる前のゴッホには、イギリスのロンドンで画商として、オランダのドルレヒトで書店員として勤務した実績がありました。しかし基本的に薄給で、雇い主と決裂してクビになることを繰り返しています。伝道者としてベルギーの炭鉱街・ボリナージュに赴いた時は、薄給どころか無給でした。それでも雇い主からクビにされてしまったのですが……。

ボリナージュにおいて、ゴッホは必死に働く鉱夫たちの姿に心打たれ、夜の空き時間に

何枚ものデッサンを残します。しかしこれらは翌朝、ゴッホの下宿先のドニ夫人が火を起こすのに使ってしまったそうです。「まとめて残しておけば何百万円になったのに」と思ってしまいますが、当時の人々の目には、独特すぎるゴッホの作風は下手な落書きのようにしか見えなかったのでした。

唯一売れた『赤いブドウ畑』

では、どんなゴッホの絵ならば〝売れた〟のでしょうか？　１８８２年、アムステルダムで画商をしていた叔父のコル・ゴッホが、１枚あたり２・５ギルダー（１ギルダー＝５０００円とすると、**1万2500円**）の値段で合計15枚の風景画のデッサンを買ってくれた記録があります。単純計算で**約19万円**の収入になりました。「ゴッホの生前に売れた絵が1枚」などといえるのは、通常ならデッサンの何倍、何十倍もの値段で取引される油彩画の話のようです。

「ゴッホの生前に1枚だけ売れた絵」とされるのは、１８８８年11月に南仏アルルで描かれた『赤いブドウ畑』という作品です。これをオランダの陶器メーカー創業家出身の女性が、１８９０年に４００フランで買った記録があります。19世紀末の１フランは現代の約

『赤いブドウ畑』　©Alamy Stock Photo/amanaimages

1000円。**約4万円**で売れたことになり、油彩画としては驚きのお手頃価格でした。

これらのデータから換算すると、10年間の画業での収入は合計しても**約23万円**。単純計算すると、ゴッホの画家としての平均年収は2万3000円弱となるのでした。

ゴッホに尽くした弟テオ

ゴッホが画商の弟テオから物心ともに支援されていたのは有名な事実ですが、それなしではとても生活できない低収入です。それでも「炎の画家」の異名通り、1日の大半を創作に費やす生活を彼は続けました。

1885年5月、テオに宛てた手紙の中で、ゴッホはこんなことを言っています。「昨日、絵の具で描いた習作をたくさん郵送した。完成した絵は、V1の印がついた木箱に入れて、今日、つまり水曜日の発送で送料元払いで送るよ」

「元払い」と書いているあたりに、弟から資金援助をしてもらっているゴッホの肩身の狭さや、律儀な人柄がうかがえる気がします。ちなみにこの「完成した絵」こそ、ゴッホ初期の名作『馬鈴薯《ばれいしょ》を食べる人々』でした。ある時期からゴッホの絵は、資金援助への返礼として、テオのもとにまとめて送られるようになっていたのです。

まるで心身を燃やし尽くすような激しい創作活動の末にゴッホは心を病み、1890年、ピストルで自殺未遂をします。そして、その怪我が原因で亡くなりました。

ゴッホの死後、美術の評価軸は大きく変化していきました。写実的な絵画以外も評価されるようになり、燃え上がるような内面が反映された彼の作品の人気が高まります。値段も高騰しましたが、それを享受できたのはテオではなく、彼の遺族でした。ゴッホの死から半年後、テオも兄を喪った悲しみの中で亡くなっていたからです。

「一時金」で一番儲けた旧皇族

「皇籍離脱」の一時金

令和3年（2021年）の日本でもっとも飛び交った言葉のひとつが「一時金」でした。一時金とは、昭和22年（1947年）1月から施行された「皇室経済法」に基づく、〝皇室を離れることになったが、かつては皇族であった方の品位を守るために支給されるお金〟です。

現代日本では女性皇族が結婚する時に支払われるお金として認識されがちですが、なんらかの事情で皇族の身分を失う際、老若男女に関係なく支給されうるものでした。

昭和22年10月、敗戦後の日本を支配していたGHQの圧力により、「皇籍離脱」が行われます。対象となったのは11の宮家でした。このようなケースでも一時金の支払いを受けられるのが通例なのですが、当主が日本軍の要職にいたと判断され、一時金の支給がまったくなかった家もありました。旧皇族内で唯一、当主の守正王《もりまさおう》に戦犯容疑までかけられた**梨《なし》本宮《もとのみや》家**などがそのケースでした。

失われた豊かな生活

戦前の皇族がたの生活は極めて富裕で華やかでした。梨本宮家には1年あたり4万5000円（当時の1円＝現代の1万円とすると、**4億5000万円**）の皇族費が支給され、そこに梨本宮家当主・守正王の軍人としての給与が毎月30円、それから守正王の妃《きさき》であった（旧姓・鍋島）伊都子《いつこ》妃が実家から得た毎月50円の「化粧代」（という名の支援金）などの収入がありました。

また、明治40年（1907年）の雑誌『月刊食道楽』によると、当時の「中流」の4人家族が1カ月暮らす生活費は30〜40円（＝30万〜40万円）、本当に貧しい庶民ならば毎月6円（＝6万円）で生活していた頃の話です。宮様の軍人としての給与や妃の化粧代を入れずに皇族費だけで計算しても、貧困層の**625倍**ものスケールでの豪華な生活が皇族には許されていたのです。

しかし第二次世界大戦後、状況は一転しました。守正王がA級戦犯容疑者として巣鴨プリズンに拘置されてしまい、「臣籍降下」の際にも（旧）梨本宮家には一時金の支給がありませんでした。巨額の財産税が現金支払いで課され、その工面のために家財一式、所有する美術品、宝石類、別荘などさえ戦後成金に買い叩かれていきます。

「敗戦のみぢめさをひしひしとこたへる」（昭和21年、1946年7月29日）などの嘆き節が、勝ち気な伊都子（元）妃の日記にも散見されるようになりました。

一時金で潤った（旧）東久邇宮家

対照的に、「臣籍降下」によって多額の一時金を受け取り、かなり潤ったといえる旧皇族もいました。**（旧）東久邇宮家**《ひがしくにのみや》のケースです。

まだ戦前の昭和18年（1943年）、昭和天皇の第一皇女・照宮成子内親王は、東久邇宮盛厚王《もりひろ》と結婚しています。「天皇の娘（内親王）は、皇族の男性に嫁ぐ」という古くからのルールに従い、宮内省（当時の宮内庁）内で慎重に人選がされた末の決定でした。

「臣籍降下」の時点で、（旧）東久邇宮家は7人家族でした。この方たち全員が「臣籍降下」の対象となり、当時のお金で総額675万円を受け取りました。戦後すぐの1円は現代の貨幣価値で190円ほどに相当しますから、総額**12億8250万円**。単純計算で、お一人あたりに**約1億8000万円**が支給されたのです。

実に幸運なことに、ご夫婦の身分がまだ皇族だった昭和20年（1945年）3月に長男・信彦王が誕生していました。コロナ関係の給付金でもそうだったように、家族が多ければ多いほど「お得」なのは一時金でも同じなのでした。巨額の財産税を課されたところまでは同じにせよ、その後の一時金の有無で旧皇族たちの命運は分かれてしまったのです。

吉原で遊ぶのに必要な金額は？

〝高値の花〟の値段

江戸時代は「モノが高く、ヒトが安い時代」といわれています。しかし花の吉原でその理屈は通用しません。江戸初期には太夫、のちには花魁《おいらん》などと呼ばれた高級遊女と一晩を過ごした客が彼女に支払う「揚《あ》げ代」はだいたい1両。江戸初期の1両は現代の貨幣価値で**10万円**以上に相当しますから、大変です。

遊女とお布団に入れる権利は、彼女と3回以上会わないと発生しません。それにもかかわらず、会うたびに揚げ代は1両かかりました。さらに、高級遊女と会うのは「おめでたいこと」とされたので、宴会が毎回始まります。遊女が連れてきた店の者や、呼ばれた芸者など全員に客は「祝儀」を与えねばならず、彼らの飲食費などもすべて支払ってやる必要がありました。こうして一晩で10両、20両などあっという間になくなってしまう仕組みで、江戸時代初期の吉原の高級遊女は本当に〝高値の花〟だったのです。

時代の経過とインフレ経済の進行とともに、1両の価値は10万円から1万円に下がっていきますが、遊女の揚げ代は額面上ほぼ変わりませんでした。19世紀初頭の揚げ代は、江戸初期から実質9割引の状態にまで値下げされてしまっていたのです。

それでも庶民たちの感覚では、遊女の揚げ代は高止まりしたままでした。当時は1両あれば、独身庶民男性なら1年間の食費の大半が賄えます（江戸期の成人男性は1日5合ものペースで米ばかりを食べており、その1年間の米代がほぼ1両）。ちなみに3両もあれば、それは独身庶民男性の1年間の生活費に相当する時代でした。

悪化した遊女たちの待遇

吉原の高級遊女ともなれば、没落した武士や公家の娘なども含まれましたが、多くは貧しい農家から売られてきた女性たちです。自分が買われた額を店側に払ってしまえば、制度上は遊女を引退し、遊郭を出ることもできました。

しかし吉原にいる限り、豪華な衣装や商売道具の布団などに至るまで、すべてが遊女の自腹です。一晩にして当時の女中の年収にも相当する高い揚げ代を得たところで、店側に中抜きされるので、遊女自身の懐に入るお金は3～4割程度とわずかでした。

こうして18歳前後から10年後の年季明けまでを遊女として過ごさねばならず、それまでに大半の遊女が亡くなり、その遺体は〝投げ込み寺〟に捨てられていきました。

さらに、吉原の遊女を取り巻く状況に大きな変化が表れたのが明治維新の後です。明治新政府の要人……たとえば伊藤博文などもコソコソと通っていたといわれますね。明治の「文明開化」以降も、吉原で最高位の遊女は「花魁」と呼ばれ続けましたが、彼女たちの社会的地位は露骨に下落したのです。

江戸時代では、貧困がきっかけで遊郭に身を沈めた女性も、花魁にまで上り詰めれば出世したと見なされ、世間から賞賛を受けることもできました。

しかし、そのような〝敗者復活〟的な評価基準は、明治以降には残されていません。「女性には心身の純潔性を求めるべき」とするキリスト教的な倫理観が日本にもたらされた結果、どんなにステイタスの高い遊女に対しても、「遊女＝娼婦＝汚れた女」という単純化された評価軸が適用されるようになったのです。それは花魁たちの待遇にも大きく影響しました。

大正期の吉原遊郭で「春駒」と呼ばれる花魁だった森光子によると、彼女は貧しい実家のためにわが身を1350円で売り、吉原にきたそうです。これは、現代の貨幣価値に換算すると少なければ**百数十万円**、多く見積もっても**250万円**もありません。この額で、森は平穏な人生を歩む権利を失ってしまいました。当時の日本では欧米文化に影響された結果、処女崇拝熱がやけに高まり、処女という条件なしに有利な結婚はできないとまでいわれるようになっていましたから……。

森は1日に12人も客を取らせられ、稼ぎの9割を楼主《ろうしゅ》に奪われるつらい日々を過ごした末に吉原から逃亡。市電を乗り継ぎ、彼女のような恵まれない立場の女性を救う運動をしていた柳原白蓮《やなぎわらびゃくれん》と宮崎龍介夫妻のもとにたどり着いて、保護を求めることになりました。

戦国時代、庶民の命は40万

出征拒否に必要な金額

戦国時代は、創作物で語られるほど華やかな時代ではありません。当時の日本では、天候異変や凶作が相次ぎました。流行り病も多く、労働人口が激減する年もありました。そのため、すべての戦では各種物資だけでなく、人材までもが勝者によって〝奪われていった〟のです。戦時の「人盗り」は公然と認められた行為で、人命さえ戦の戦利品のひとつとして扱われました。

当時の農民の命にも値段がありました。領主様、つまりは戦国大名の采配によって異なりますが、たとえば豊臣秀吉の天下統一事業に最後まで抵抗し続けた小田原の後北条氏の領民の命は、一人あたり**40万円**だったといえます。

天正15年（1587年）5月、後北条氏が領民に出したお触れは、「五月動員令」と呼ばれます。「今は（農業に大切な夏の5月であるが）お国の大事である」と15〜70歳の全男性に戦への参加を要請する内容でしたが、行きたくない場合は「八貫文」払えば、出征拒否もできました。当時の1貫文＝5万円とすると、40万円。ここから、男性農民の命は40万円だったと考えられるのです。

戦は、戦国時代において臨時収入が期待できる数少ない機会でした。農民が武装して戦に動員された場合、彼らは雑兵《ぞうひょう》と呼ばれます。雑兵でも、敵方の高位の武将を討ち取る幸運に恵まれれば、現代の金額にして**何十万、何百万円**規模のボーナスが期待できました。戦いは命がけですからハイリスク・ハイリターンですが、約40万円も払って、稼ぐ機会を失うのはもったいない気がするかもしれません。

ところがそこまで甘い話でもなく、出征にかかる全費用は農民の自腹でした。先ほどの「五月動員令」によると、**「槍・鉄砲・弓といった3種類の指定武器のうちどれでもいいから、自前で準備、出征せよ」**。武器さえ自分で調達しなくてはなりません。

出征費用の合計は？

戦国期の農民の間でメジャーな武器は槍で、『朝倉孝景十七ヵ条』（1471－1481年頃の制定）によると1本がおよそ100疋、現代の価格で**約4万8000円**。

選択肢には鉄砲もありますが、入手までに時間がかかるし、値段も1丁あたり**約60万円**する高級品でした（元亀元年、1570年の島津氏による鉄砲購入記録を参照）。弓は日々の鍛錬なしに使いこなすのが難しく、〝戦のプロ〟である武士向けの武器だったといえます。

刀が農民の指定武器に入っていないのも、扱いの困難さゆえでしょう。廉価品の刀は約1万円で手に入りましたが、安いものは折れ曲がりやすいのでした。

当時の刀は、相手をバッタバッタと斬り殺すための武器ではありません。実際には相手の鎧など防具の隙間を突いてキズを与え、その戦意を喪失させるための武器として使われていました。使いこなすには動体視力が必要で、いかにも武士向けだったと考えられます。そして武士が使うレベルの刀の相場は「三十貫文」（＝**150万円**）以上に相当し、かなり高額なのでした。

それ以上に驚きなのが、戦国時代の戦場において、食料は持参が前提だったという事実です。30日以上の戦となると、さすがに食事は領主側から支給されるのですが、それまでの間は自力で食いつなぐ必要があります。

一説に、戦国時代の成人男性は米を1日6合も食べていました。30日ぶんだと、単純計算で180合。1合が約150グラムですから、最大27キロほどの米を背負って戦場では行動しなくてはなりません。ちなみに戦場では米と塩が主食で、あとは梅干し、味噌などを好みで食べるのが基本でした。

こうして農民が雑兵として出征するなら、武器や米代だけでも**十数万円**は必要になるのです。40万円支払って戦に行かないのも、ひとつの有力な選択肢だったでしょうね。戦場に行かなければ、身の安全は〝ほぼ〟保障されているわけですから。命ほど貴重なものはありません。

領主が戦をするとなれば、農民でもここまで考え、悩まねばならなかった戦国時代……やはり日本史上有数のハードな時代だったといえるでしょう。

Column

江戸っ子も投資で稼いだ

米切手1枚＝10石＝10両

江戸時代の日本の経済活動と聞けば、なんとなく停滞していた印象をお持ちかもしれません。しかし、当時においても投資は熱心に行われていたのです。

江戸期の主な投資手段は**「米切手」**（もしくは「米手形」）でした。米切手とは、日本中の藩が、領内で余った米を現金収入に換える時に使った〝引き換え券〟のことです。短冊形の厚手の和紙に、偽造を避ける目的で特殊な墨文字が手書きされ、まるで御札のような見た目でした。

大坂の街に米切手を現金化できる「米市場《こめいちば》」が生まれたのが17世紀末頃だといわれます。18世紀前半、享保年間（1716－1735）には、藩の定めた価格を現金で支払えば、米切手を発行してもらえるシステムが完備されました。

米切手1枚で引き換え可能な米の量は半端なものではありません。江戸後期では米切手1枚で、なんと米10石（＝1・5トン）が引き換えられました。

米切手1枚あたりの値段もかなり高額でした。1枚の米切手を得るには、10両もの大金が必要だったのです。江戸中期、享保年間のレートでいうと、当時の1両＝現代の4万〜6万円ほど。間を取って5万円とした場合、1枚の米切手は現代の50万円に相当しました。

これは、江戸の庶民の中でも高収入とされた大工の年収の半分程度に相当する額です。それゆえ、米切手を買えるのは、財力を誇る大商人たちに限られていたのです。

今年の収穫量が定まらぬうちから、少しでも高く米切手を売りたい藩、安く買って高く転売したい商人が集まり、さまざまな思惑が交差する大坂・北浜の米市場の規模は日本一でした。動く金額は凄まじく、高位の武士の年収に等しい何千石、あるいは小規模の大名家の石高にも相当する何万石の米切手の取引を一瞬にして行う大商人たちの様子には、あの井原西鶴も『日本永代蔵』の中で驚愕しています。

米切手でどう稼ぐ？

江戸時代の商人たちは、どのように米切手で儲けようとしていたのでしょうか？　小話でご説明しましょう。

大坂在住の商人のあなたはこの春、久留米藩発行の米切手を1枚12両で買うことができました。もちろん投資目的です。久留米の米は江戸時代から人気がありました。米切手も相場より2両も割高でしたが、儲けが期待できるのでヨシとしました。

当時の米の評価要素は多様です。味はもちろん、米粒の色、ツヤ、おまけに形が欠けたりしていないかという見た目までもが重視され、値段が決まります。現代の一般財団法人日本穀物検定協会が定める「特A米」などの評価基準にも通じるものがありますね。久留米藩は農家から年貢として米を取り立てるだけでなく、米の品質管理にも心を配り、人気米産地という〝ブランド〟を維持し続ける努力をしていました。

ところが……あなたが久留米藩の米切手を買った年の夏は、素晴らしい天候で台風もきませんでした。「米がかなりの豊作になるようだ」との情報をいち早く手に入れたあなたは困ります。12両で買った米切手をしかるべき時期に転売して儲けたかったのに、米が豊作なら希少価値が下がってしまいます。7両くらいでしか売れないどころか、もしかしたら半値になってしまう可能性も。

嘆いてばかりはいられません。豊作の情報をほかの皆に知られ、値崩れが進まないうちに、手持ちの米切手を少しでも高く売らねばならないからです。やれやれ、今から米市場に走らなければ……。

——このように、米切手の取引には大きなリスクをともないました。江戸時代でも投資の世界は甘くはありません。

とくに陰暦の夏季にあたる6～7月は、取引が夜通しで熱心に行われたそうです。この時期の米市場に休日などはありません。台風が頻繁にくる夏ほど、米市場は賑わいました。台風が米の収穫にダメージを与えるので収穫量が減り、手持ちの米切手の値段がハネあがるからです。

こうして平均で年間250日ほど、米市場での取引は続きました。偶然にも現代日本の取引市場と同じ期間だそうで、興味深いですね。

《参考文献（順不同）》

書籍

- アンナ・グリゴーリエヴナ・ドストエフスカヤ著／松下裕訳『回想のドストエフスキー』1、2巻　みすず書房
- ウルリケ・ヘルマン著／鈴木直訳『スミス・マルクス・ケインズ よみがえる危機の処方箋』みすず書房
- ギュンター・バウアー著／吉田耕太郎、小石かつら訳『ギャンブラー・モーツァルト「遊びの世紀」に生きた天才』春秋社
- ジョージア・ブラッグ著／梶山あゆみ訳『偉人たちのあんまりな死に方 ツタンカーメンからアインシュタインまで』河出書房新社
- スティーヴン・グリーンブラット著／河合祥一郎訳『シェイクスピアの驚異の成功物語』白水社
- ドーン・B・ソーヴァ著／香川由利子訳『愛人百科』文藝春秋
- ドリス・カーンズ・グッドウィン著／平岡緑訳『リンカン 上 南北戦争勃発』中央公論新社
- ドリス・カーンズ・グッドウィン著／平岡緑訳『リンカン 下 奴隷解放宣言』中央公論新社
- ニーンケ・デーネカンプ、ルネ・ファン・ブレルク、タイオ・メーデンドルプ著／ファン・ゴッホ美術館編／鮫島圭代訳／千足伸行監修『ゴッホの地図帖 ヨーロッパをめぐる旅』講談社
- バーバラ・レヴィ著／喜多迅鷹、喜多元子訳『パリの断頭台 七代にわたる死刑執行人サンソン家年代記 新装版』法政大学出版局
- パトリック・バルビエ著／野村正人訳『カストラートの歴史』筑摩書房

- ファーブル著／山田吉彦、林達夫訳『完訳 ファーブル昆虫記』1、5巻 岩波書店
- フィリップ・フック著／中山ゆかり訳『ならず者たちのギャラリー 誰が「名画」をつくりだしたのか?』フィルムアート社
- プリニウス著／中野定雄ほか訳『プリニウスの博物誌』1巻 雄山閣
- ポール＝H・ファーブル、ジャン＝H・ファーブル著／山内了一訳・文『ファーブルの写真集 昆虫』新樹社
- ユリウス・カエサル著／中倉玄喜訳・解説『新訳ガリア戦記・上 普及版』PHP研究所
- レナード・ムロディナウ著／水谷淳訳『この世界を知るための人類と科学の400万年史』河出書房新社
- ロジャー・ムーアハウス著／千葉喜久枝訳『図説モノから学ぶナチ・ドイツ事典』創元社
- 安達正勝著『死刑執行人サンソン―国王ルイ十六世の首を刎ねた男』集英社
- 家近良樹著『西郷隆盛 人を相手にせず、天を相手にせよ』ミネルヴァ書房
- 鎌田和宏監修『教科書に出てくる歴史人物・文化遺産 3』学研教育出版
- 橋場日月著『戦国武将に学ぶ「必勝マネー術」』講談社
- 結城雅秀著『シェイクスピアの生涯』勉誠出版
- 高槻泰郎著『大坂堂島米市場 江戸幕府vs市場経済』講談社
- 黒岩比佐子著『明治のお嬢さま』角川学芸出版
- 此経啓助著『明治人のお葬式』現代書館
- 佐藤満彦著『ガリレオの求職活動ニュートンの家計簿 科学者たちの生活と仕事』中公新書
- 山口博著『日本人の給与明細 古典で読み解く物価事情』KADOKAWA
- 山本芳明著『カネと文学 日本近代文学の経済史』新潮社

・山本芳明著『漱石の家計簿 お金で読み解く生活と作品』教育評論社
・鹿島茂著『「レ・ミゼラブル」百六景 新装版』文藝春秋
・鹿島茂著『渋沢栄一　2　論語篇』文藝春秋
・真山知幸著『ざんねんな偉人伝 それでも愛すべき人々』学研プラス
・瀬戸内寂聴著『瀬戸内寂聴全集　16』「炎凍る――樋口一葉の恋」新潮社
・西郷隆盛、西郷隆盛全集編集委員会著『西郷隆盛全集』6巻　大和書房
・石川啄木著／桑原武夫編訳『ISIKAWA TAKUBOKU ROMAZI NIKKI（啄木・ローマ字日記）』岩波文庫
・浅野典夫著『「なぜ？」がわかる世界史　前近代』学研プラス
・総務省統計局監修／日本統計協会編『日本長期統計総覧』3巻　日本統計協会
・大村大次郎著『「土地と財産」で読み解く日本史』PHP研究所
・中野好夫著『シェイクスピアの面白さ』新潮社
・猪木武徳著『社会思想としてのクラシック音楽』新潮社
・山崎孝子著『津田梅子』吉川弘文館
・坪井清足監修『よみがえる平城京　天平の生活白書』日本放送出版協会
・渡辺誠著『天下無敵の剣境へ　宮本武蔵伝』学研プラス
・嶋田幸久、萱原正嗣著『植物の体の中では何が起こっているのか』ベレ出版
・徳田秀子、西郷隆夫、若松宏著『西郷の妻―西郷隆盛と妻イトの生涯―』ナンシュウ
・二宮フサほか著『歴史をつくる女たち　4　華麗なる宮廷の誘惑』集英社
・梅宮創造著『シェイクスピアの遺言書』王国社